Stricken → BILD FÜR BILD

GRUNDLAGEN

MATERIALKUNDE
Seite 6

VORBEREITUNG
Seite 22

STRICKEN
Seite 28

MODELLE

STIRNBAND
Seite 86

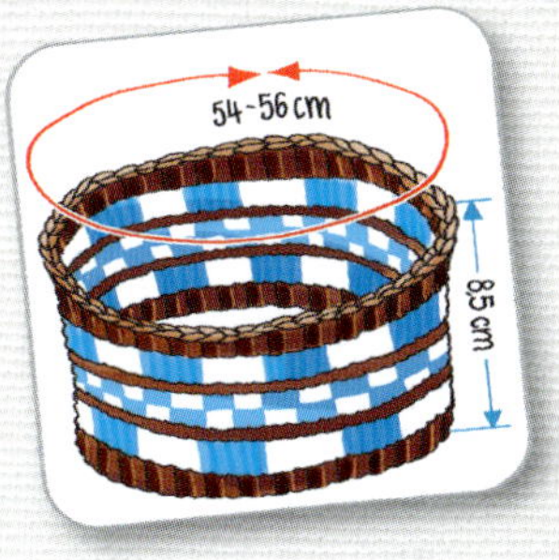

MÜTZE
Seite 90

LOOP
Seite 94

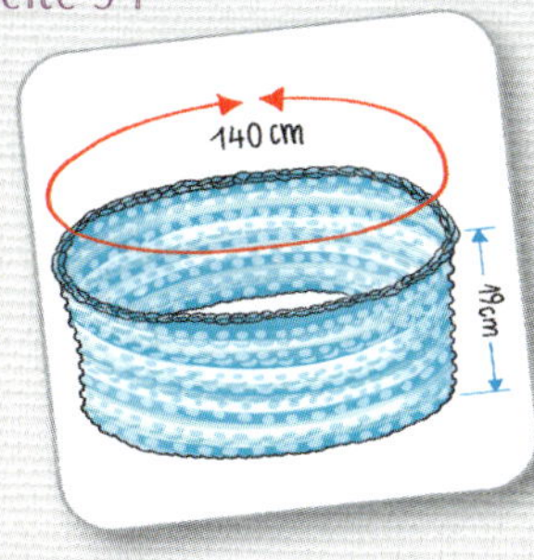

SCHAL
Seite 98

HANDSTULPEN
Seite 102

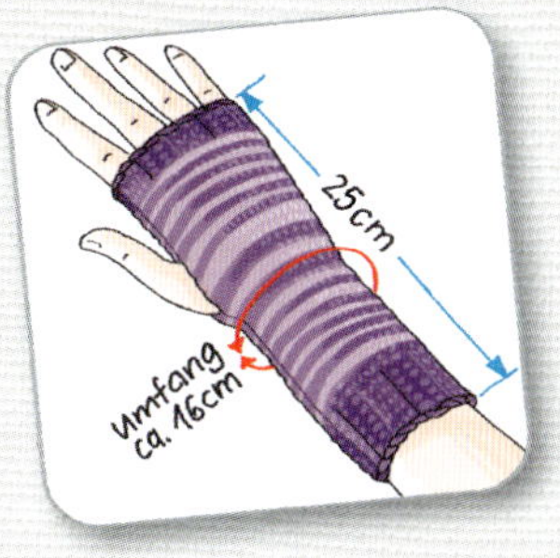

TABLET-HÜLLE
Seite 106

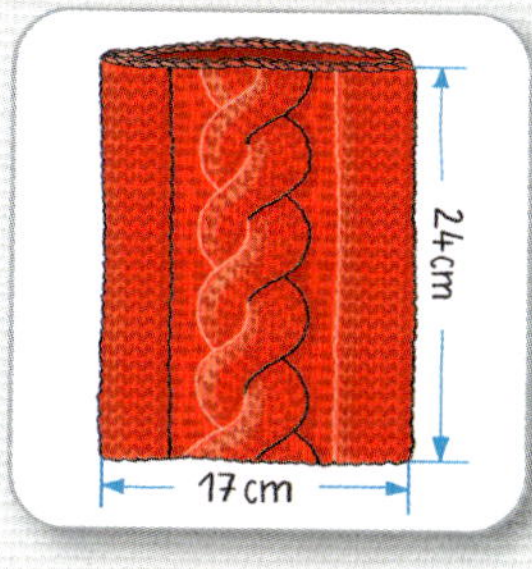

KISSENBEZUG
Seite 110

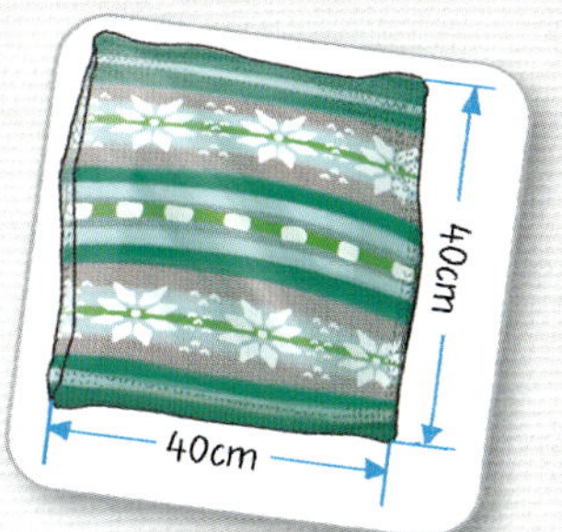

WOLLKORB
Seite 116

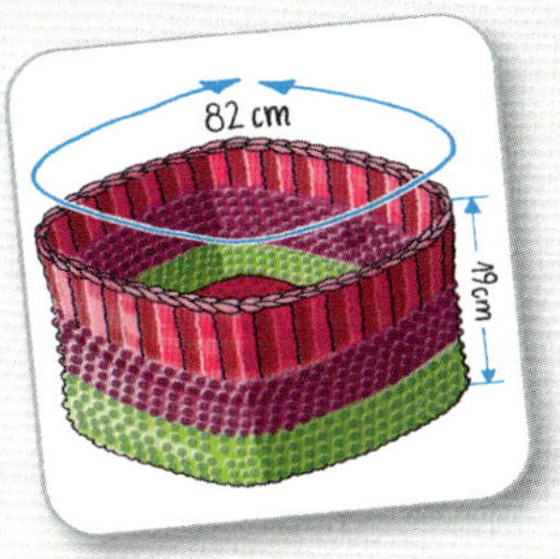

ÜBERTÖPFE
Seite 120

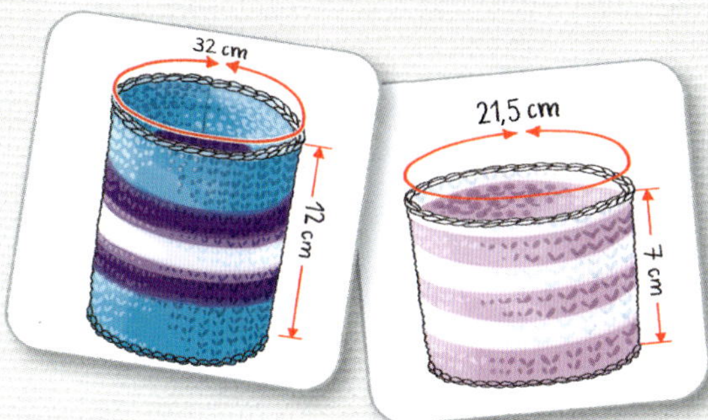

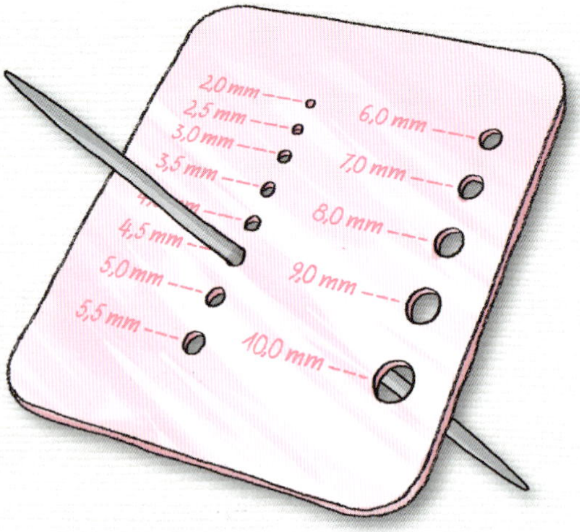
2,0 mm
2,5 mm
3,0 mm
3,5 mm
4,5 mm
5,0 mm
5,5 mm
6,0 mm
7,0 mm
8,0 mm
9,0 mm
10,0 mm

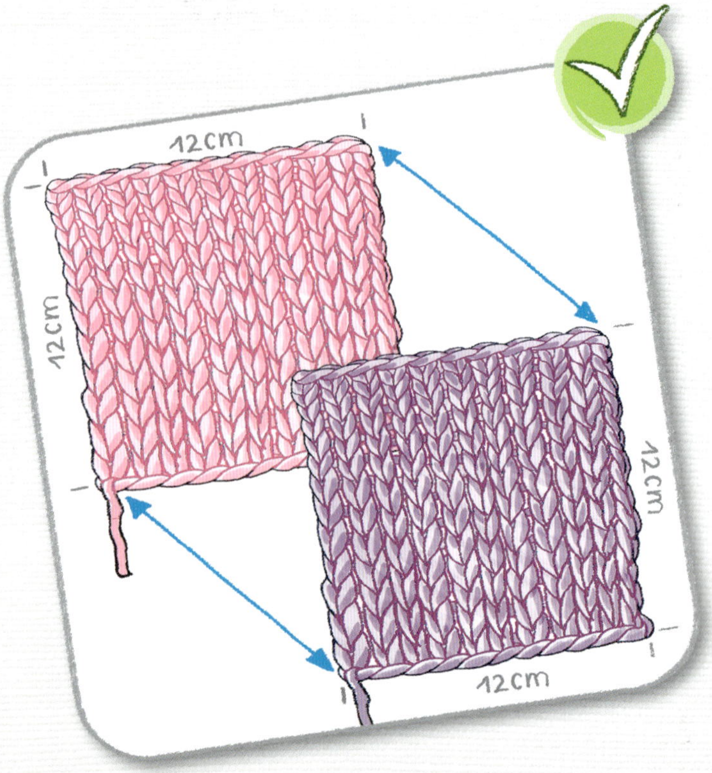
12cm
12cm
12cm
12cm

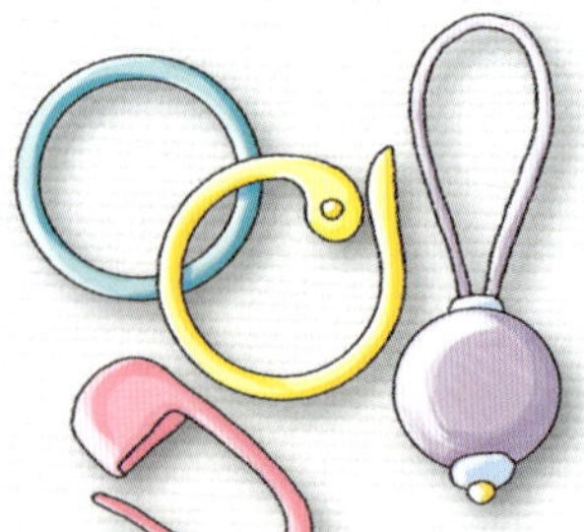

SEHEN → VERSTEHEN → STRICKEN

JETZT KANN JEDER STRICKEN LERNEN!

Mit diesem Buch geht es kinderleicht. Schritt für Schritt, Bild für Bild wird der Leser an die Hand genommen und vom Nichtwissen zum Wissen geführt.

Bisher mussten sich Strickeinsteiger oft erst einmal mit komplizierten Fachausdrücken und schwer nachvollziehbaren Anleitungen herumschlagen, bevor es losgehen konnte. Meist ließ es sich nicht umgehen, sich vorab zeitaufwendig von der Oma oder der Freundin erste Grundkenntnisse zeigen zu lassen, bevor Strickbücher sinnvoll verwendet und erste Modelle gearbeitet werden konnten. Das ist nun nicht mehr nötig!

Mit der neuen, visuellen Lern-Methode dieses Buches gelingt der Einstig einfach – ohne dass große Hürden überwunden werden müssen. Denn hier basiert der Lernprozess auf visuellem Anschauungsmaterial, auf Bildern. Diese Illustrationen unterstützen das Lernen nicht nur, sie ermöglichen eine völlig neue Herangehensweise, indem alles Wissenswerte direkt vor Augen geführt wird.

Im Grundlagenteil werden alle wichtigen Kenntnisse und Techniken anhand einer riesigen Anzahl von Abbildungen anschaulich vermittelt. Schritt für Schritt arbeiten Sie sich vor und können dabei direkt mitmachen. Sie erhalten Tipps, was Strickeinsteiger an Ausstattung benötigen, lernen Materialien und ihre Eigenschaften kennen. Es wird anschaulich erklärt, wie man Maschen anschlägt, erste Maschen strickt und diese am Schluss wieder abkettet – ja sogar, wie man ein Zopfmuster strickt oder mit Farbe arbeitet, wird gezeigt. Im anschließenden Modellteil kann das Gelernte dann direkt an attraktiven Modellen wie Mütze, Schal, Kissenhülle oder Tablethülle umgesetzt werden.

DA IST DAS ERFOLGSERLEBNIS GARANTIERT!

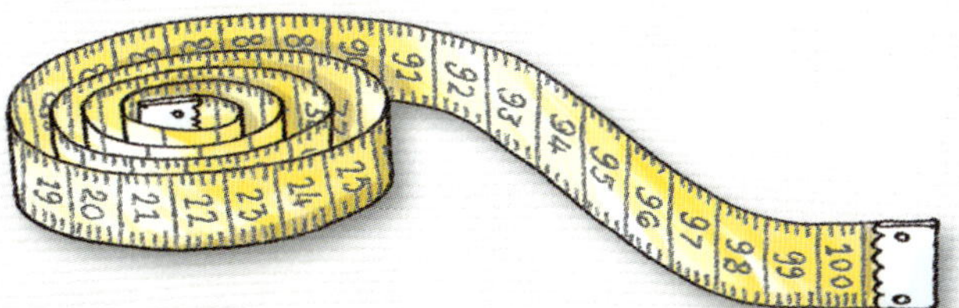

MATERIALKUNDE

GARNARTEN

GARNSTÄRKEN

NADELARTEN

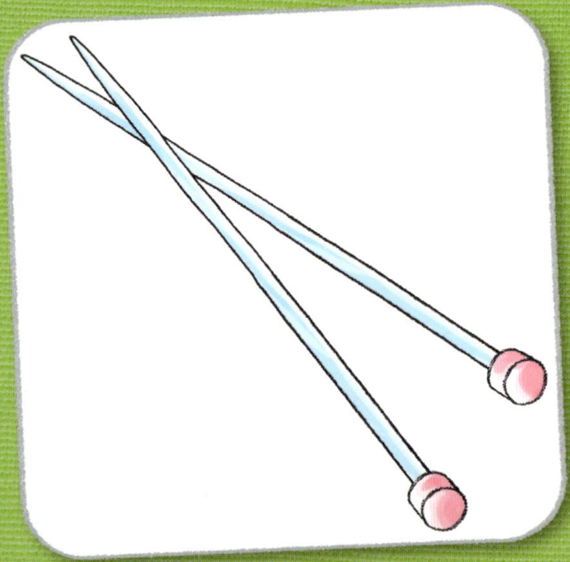

ZUBEHÖR

DIE RICHTIGE PFLEGE

GARNARTEN

Wolle

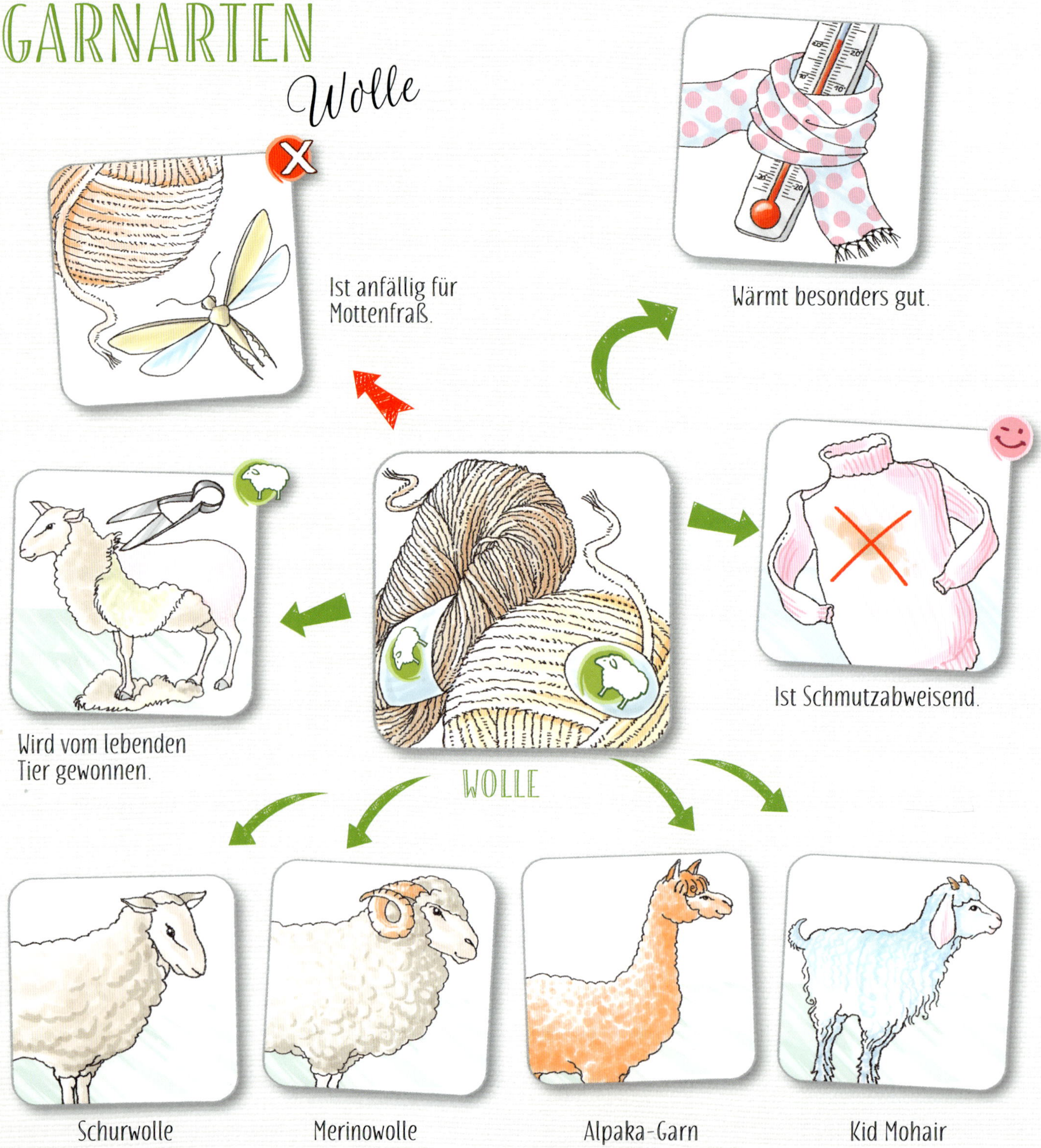

GARNARTEN

Baumwolle

Baumwolle kühlt.

Samenhaare der Baumwollpflanze.

BAUMWOLLE

Wird schnell schwer.

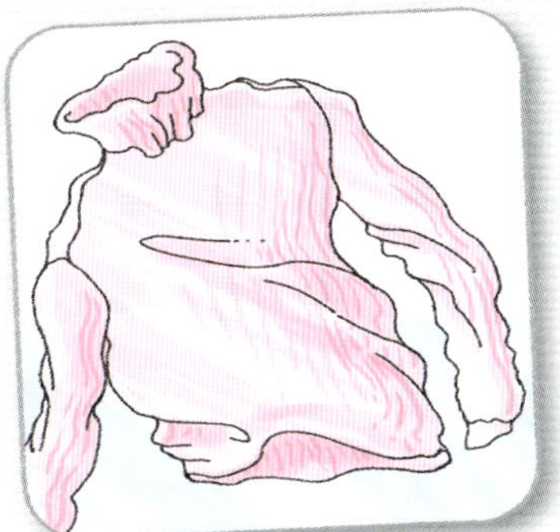

Verliert schnell die Form.

Nach dem Waschen nicht auf den Kleiderbügel.

Zum Trocknen flach auslegen.

GARNARTEN

Mischgarn mit Wolle oder Baumwolle

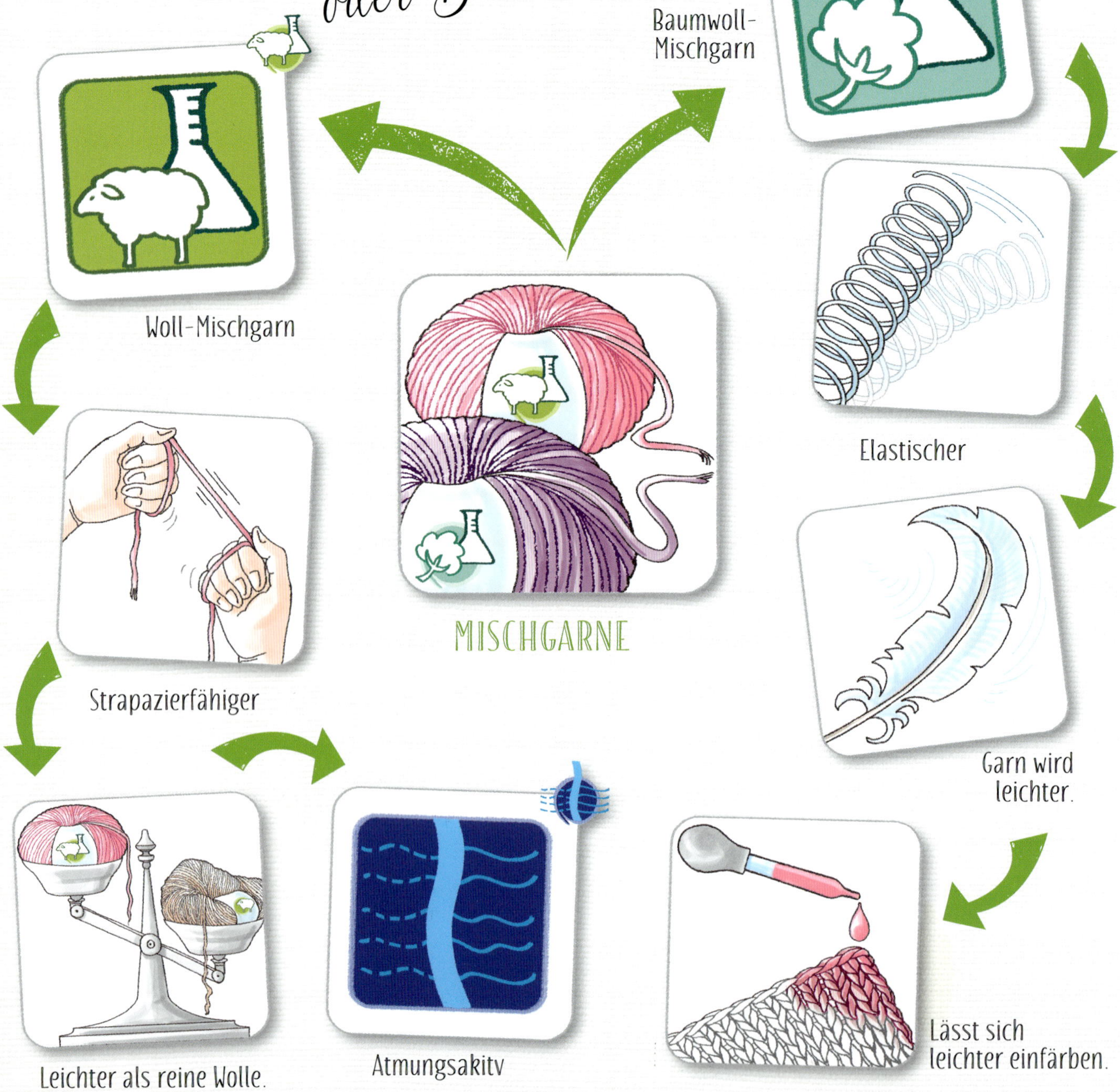

GARNARTEN

Synthetikgarne

Bestehen aus Polyamid, Polyacryl oder Elasthan.

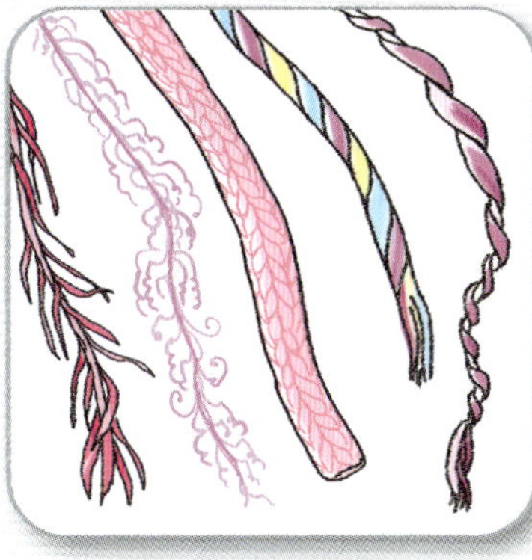

Effekt und Flauschgarne sind häufig Synthetik-Garne.

SYNTHETIKGARNE

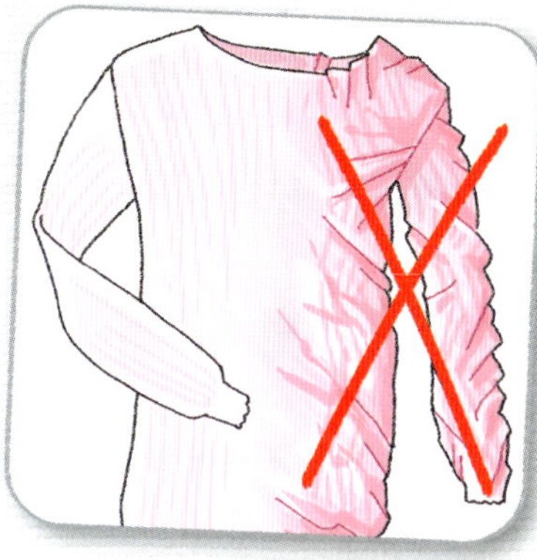

Knitterarm

Sind günstiger.

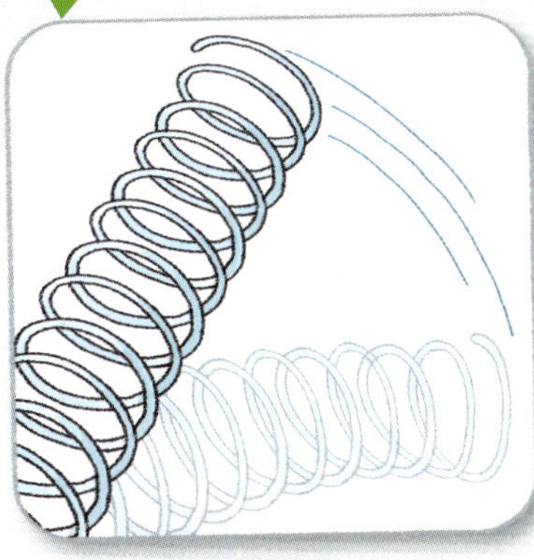

Sind sehr elastisch.

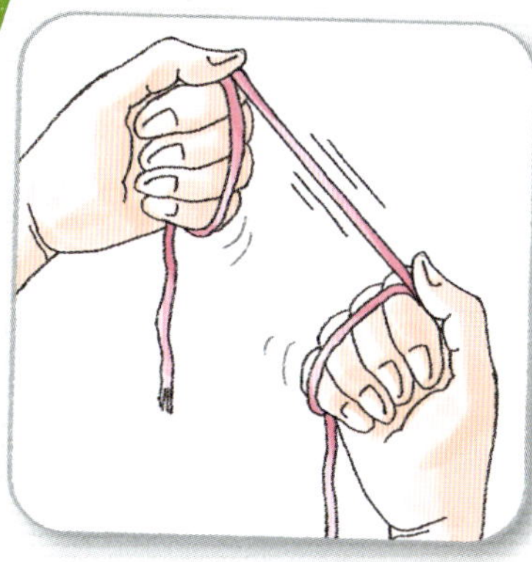

Strapazierfähiger

GARNARTEN

Effektgarne

Natürliches Effektgarn = Mohair

Mode- und Trend-abhängig

EFFEKTGARNE

Fransengarn

Reflektor-Garn

Multicolor-Garn

Bändchengarn

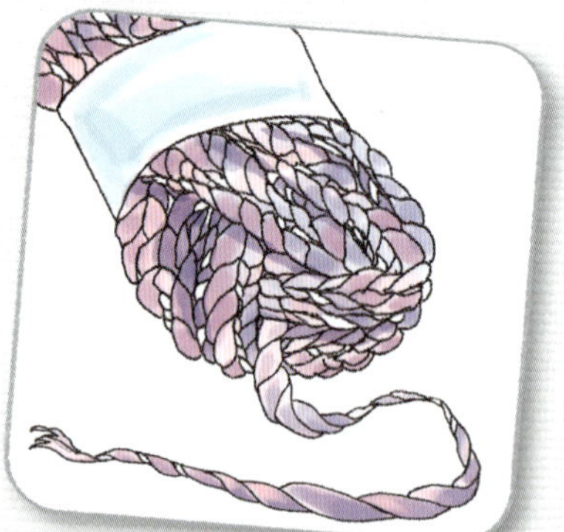

Flammengarn

GARNARTEN

Sockengarne

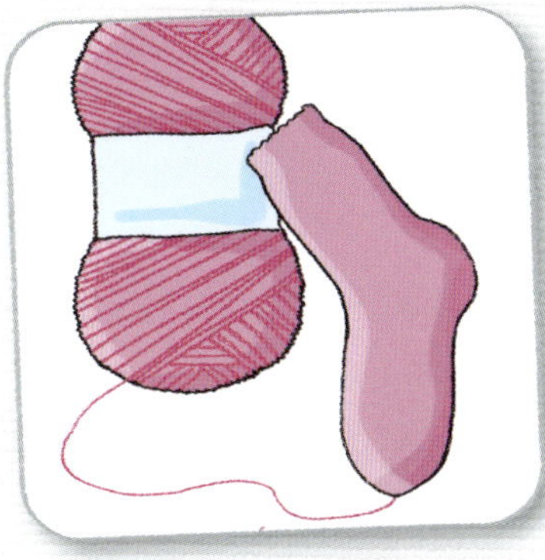

Sockengarn in uni

Gemustertes Sockengarn

SOCKENGARN

Ist in der Regel aus Schurwolle.

Auf den Musteranfang achten!

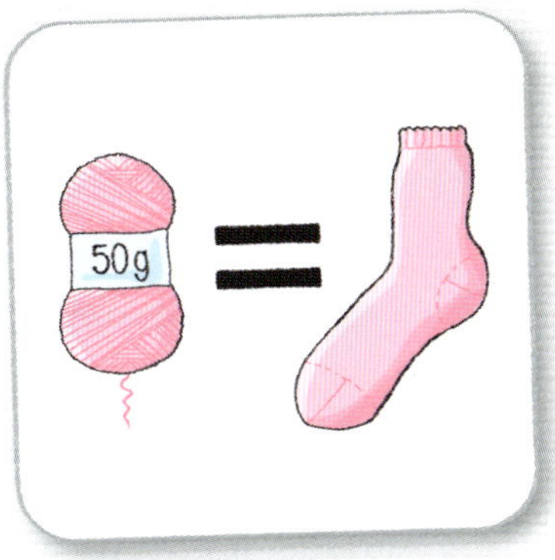

50 g Knäuel = 1 Socke
4-fädiges Garn

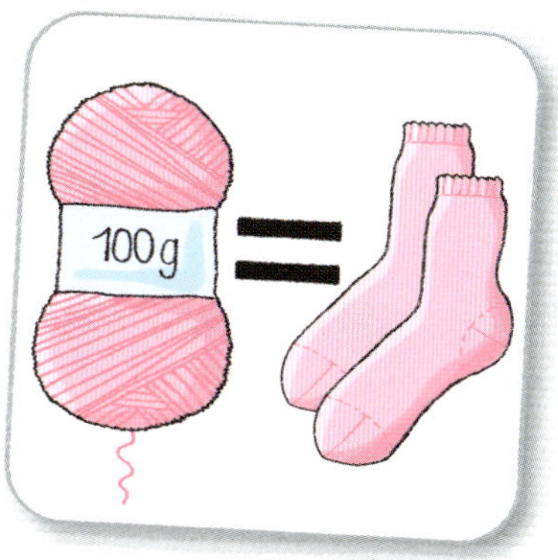

100 g Knäuel = 2 Socken
4-fädiges Garn

Socken mit gleichem Musterverlauf.

GARNARTEN

Garnstärken

Dünnes Garn

Mittelstarkes Garn

Dickes Garn

GARN GIBT ES IN UNTERSCHIEDLICHEN STÄRKEN.

Möchte man für eine Anleitung ein anderes Garn nehmen, dann sollte man die Lauflänge beachten.

Eine wichtige Angabe ist die Lauflänge. Sie richtet sich nach dem Gewicht pro Meter.

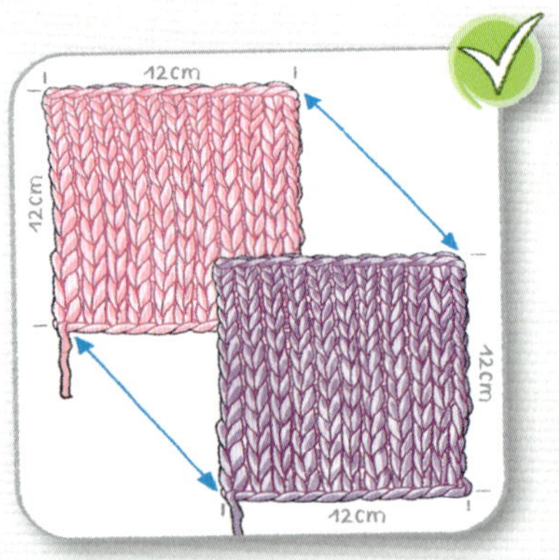

Ganz wichtig! Die Maschenprobe muss übereinstimmen.

GARNARTEN
Knäuelarten

Hier kann man ...

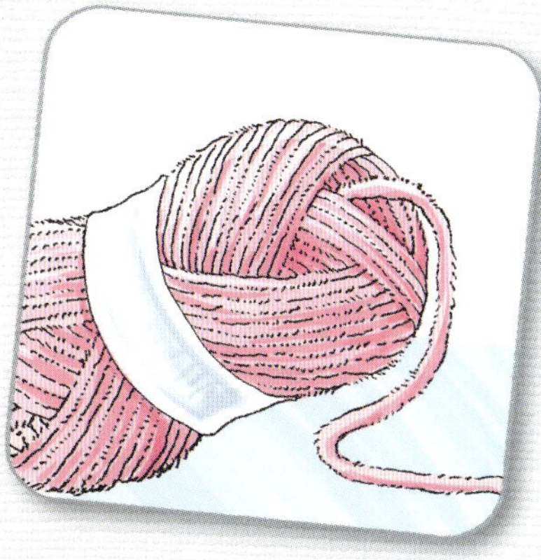

... sofort losstricken.

ES GIBT UNTERSCHIEDLICHE KNÄUEL-WICKLUNGEN.

Ein Wollstrang muss erst noch zu einem Knäuel gewickelt werden.

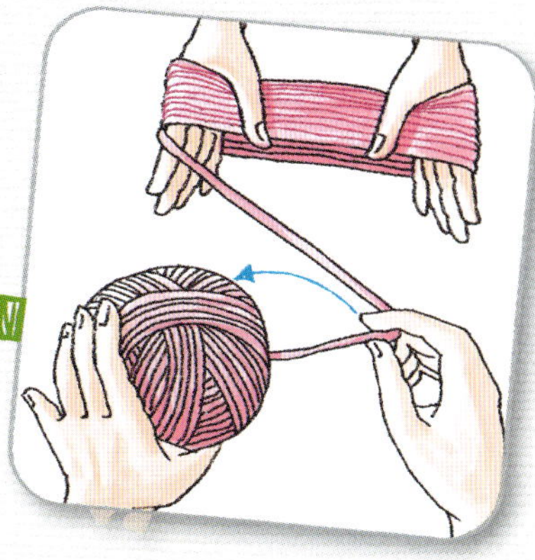

NADELARTEN

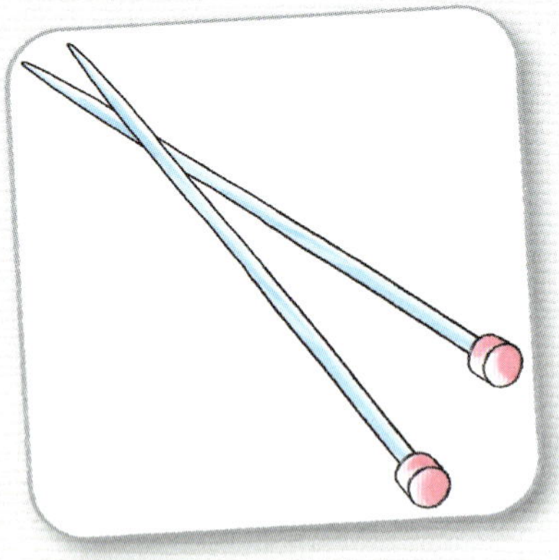

JACKENNADEL*

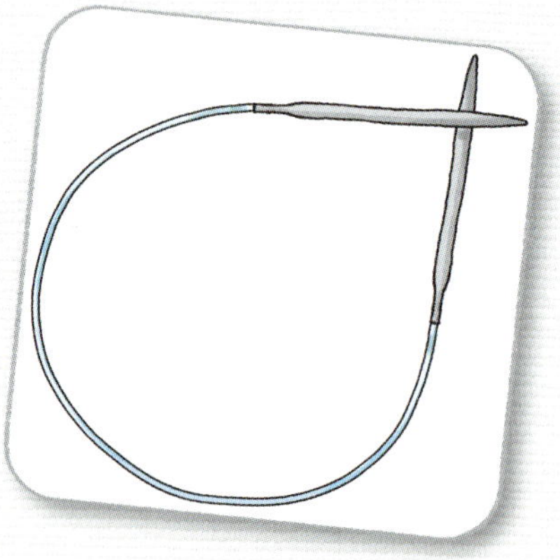

RUNDSTRICKNADEL*

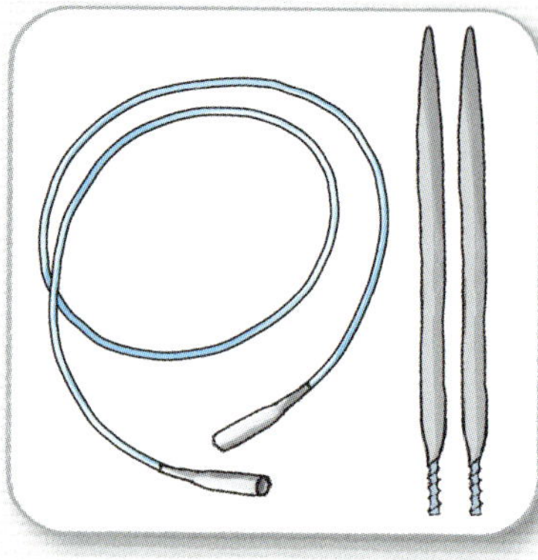

NADELSYSTEM

*Jackennadel und Rundstricknadel können bei in Reihen gestrickten Modellen ausgetauscht werden.

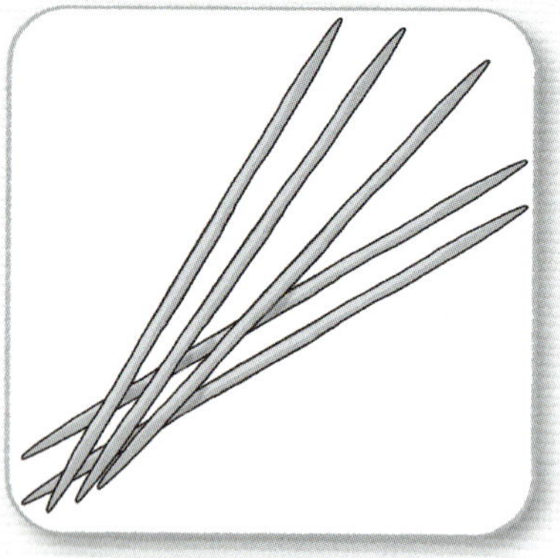

NADELSPIEL

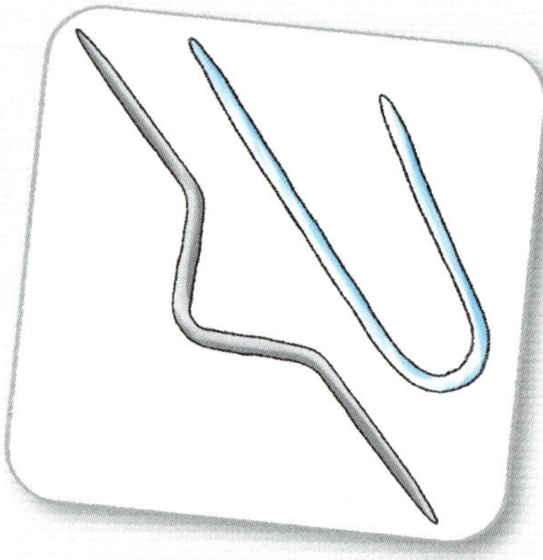

HILFS- UND ZOPFNADELN

Nadeln gibt es in vielen unterschiedlichen Materialien:

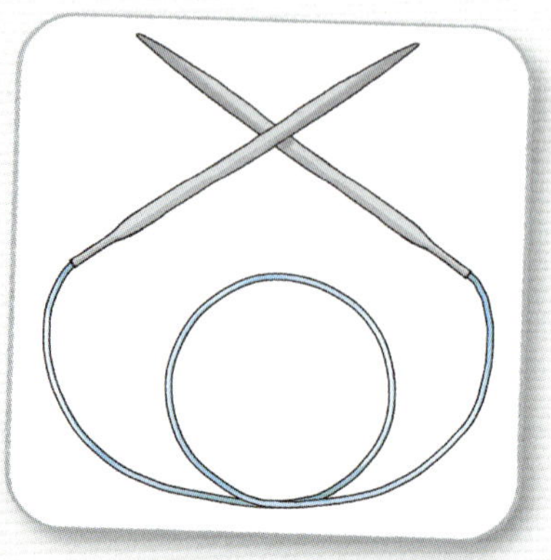

ALUMINIUM

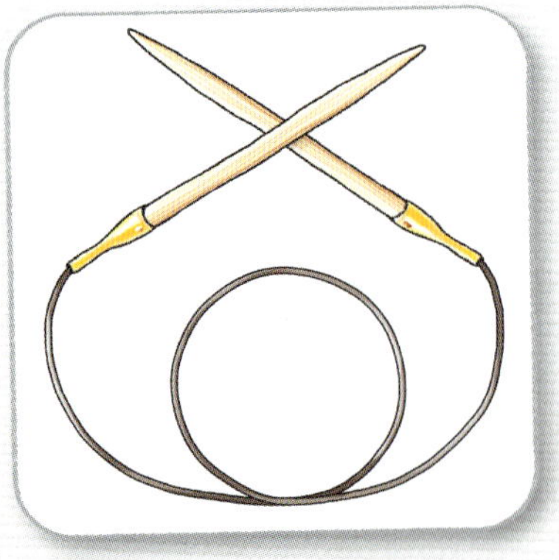

BAMBUS

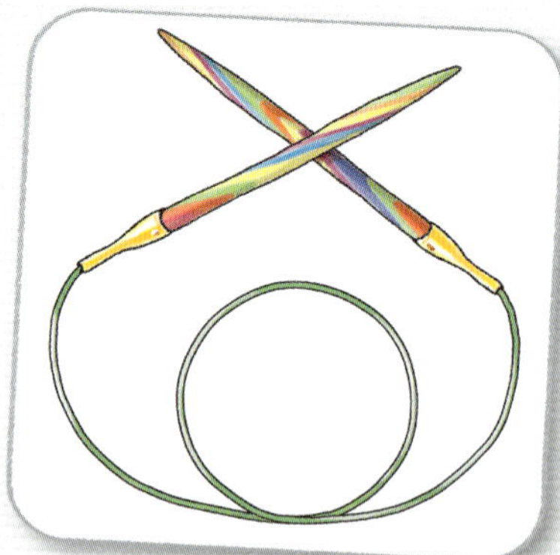

AUS GEFÄRBTEM HOLZ

NADELTESTER

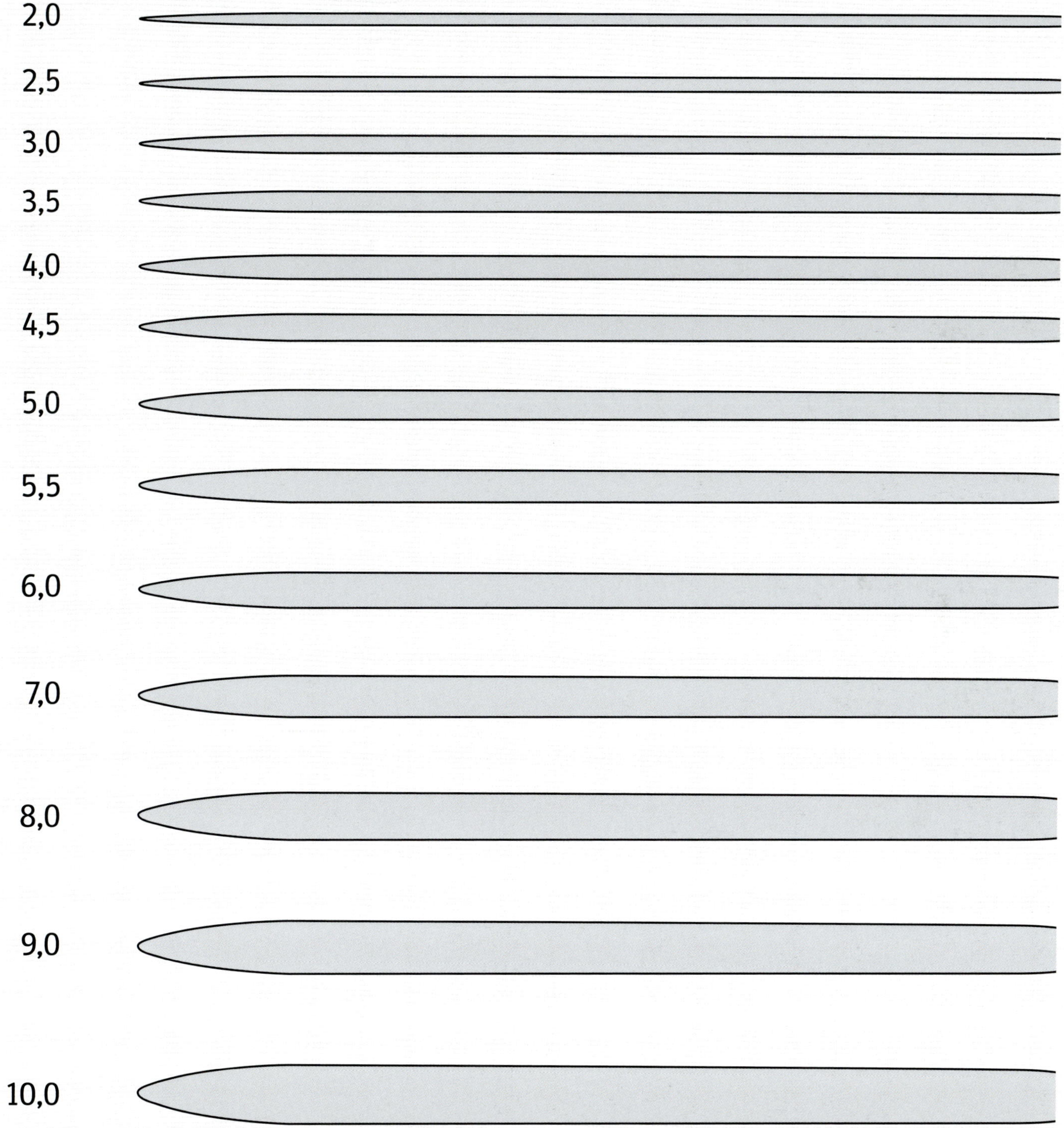

ZUBEHÖR

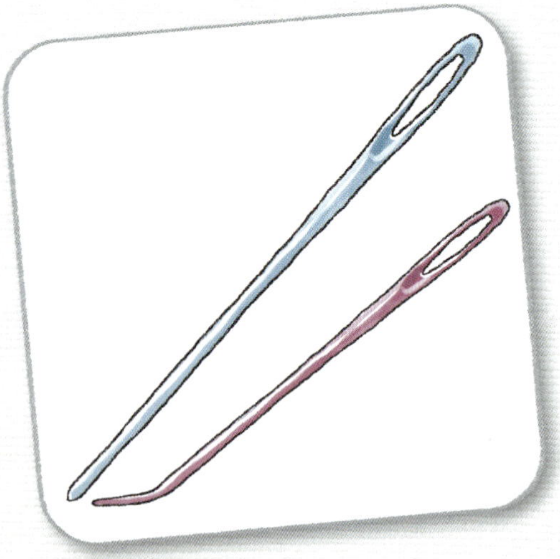

STICK- UND WOLLNADEL

MAßBAND

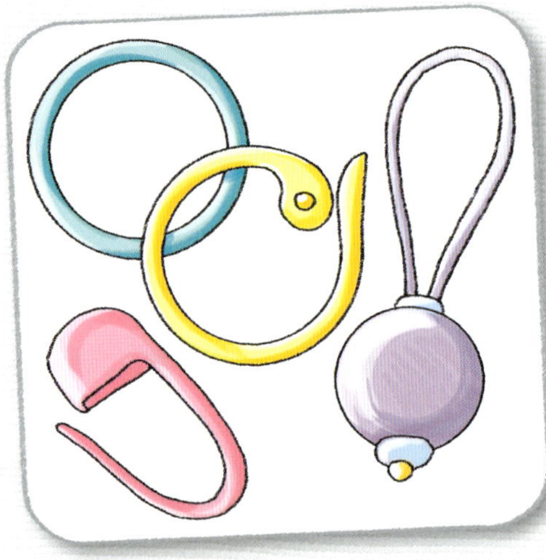

MASCHENMARKIERER

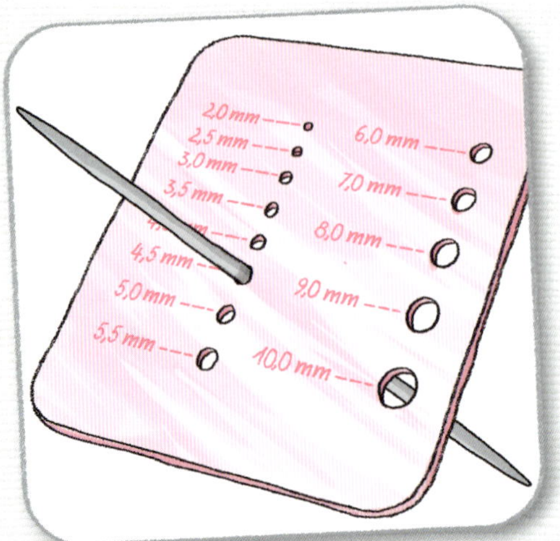

NADELMAß

HÄKELNADEL

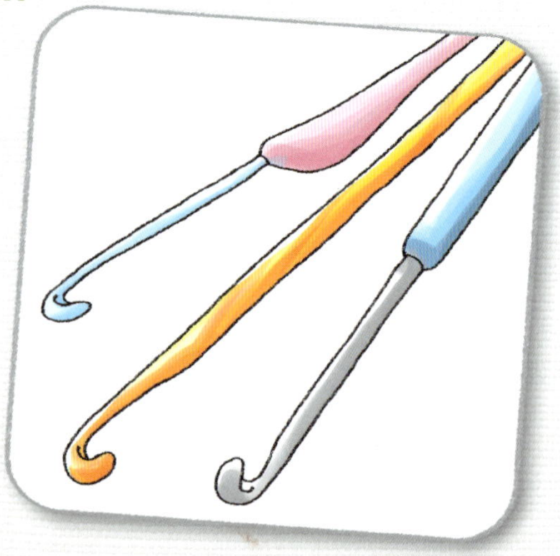

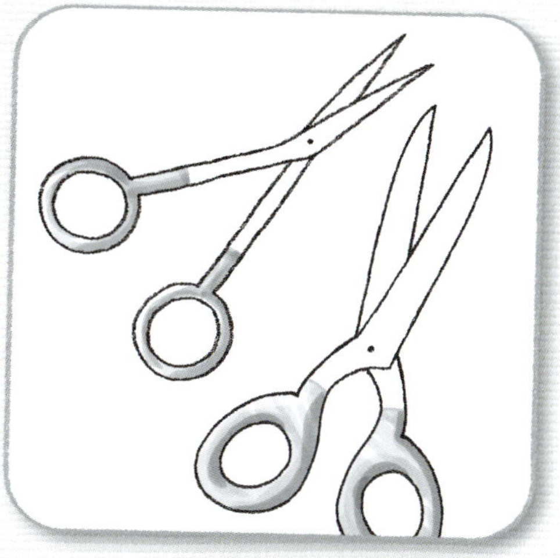

SCHERE

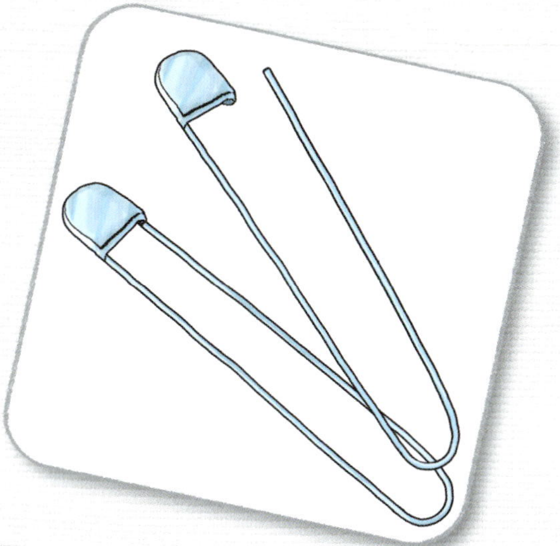

MASCHENRAFFER

STECKNADELN

REIHENZÄHLER

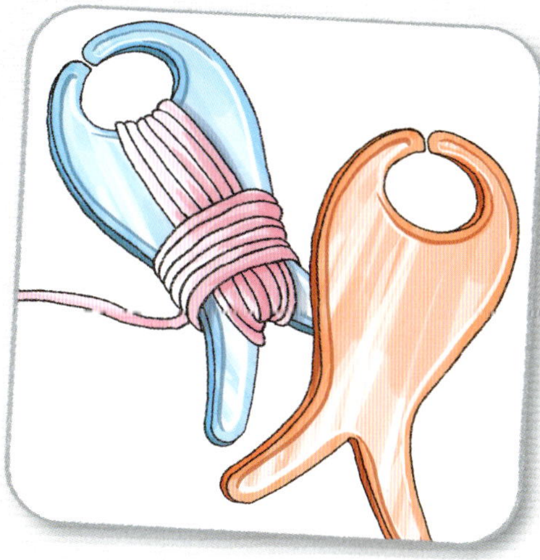

GARNSPULEN
für das Stricken mit mehreren Farben.

DIE RICHTIGE PFLEGE

Für die richtige Pflege sollte man sich nach den Angaben auf der Banderole richten.

WASCHEN IN DER MASCHINE.

NICHT WASCHEN.

HANDWÄSCHE

FEINWÄSCHE

SCHONWASCHGANG, WOLLWASCHGANG

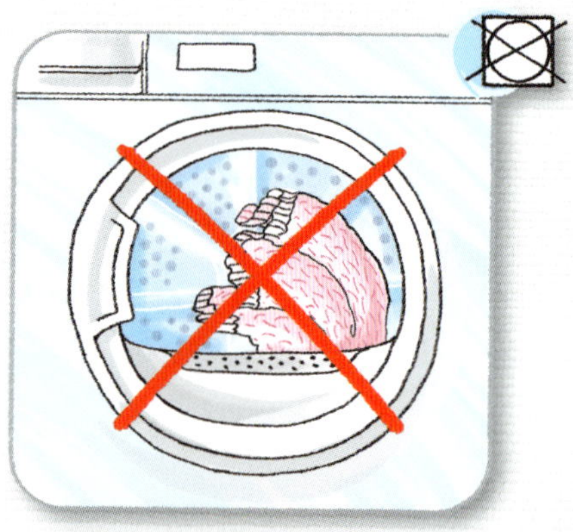

NICHT IM WÄSCHETROCKNER TROCKNEN.

TROCKNEN IM WÄSCHETROCKNER ERLAUBEN.

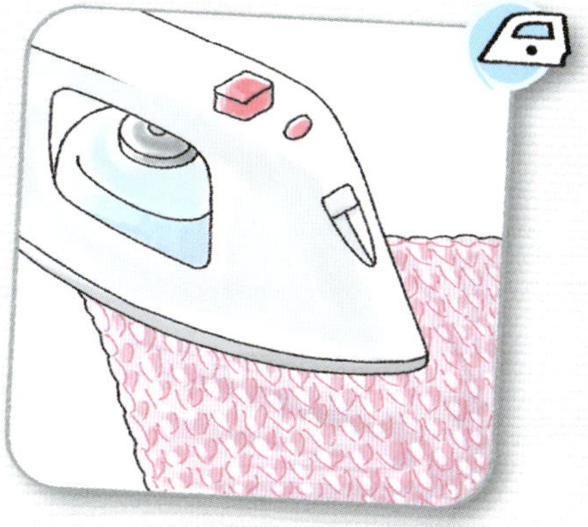

BÜGELN

NICHT BÜGELN.

NICHT BLEICHEN.

PROFESSIONELLE TEXTILREINIGUNG, SCHONVERFAHREN.

Vorbereitung

Anleitung lesen

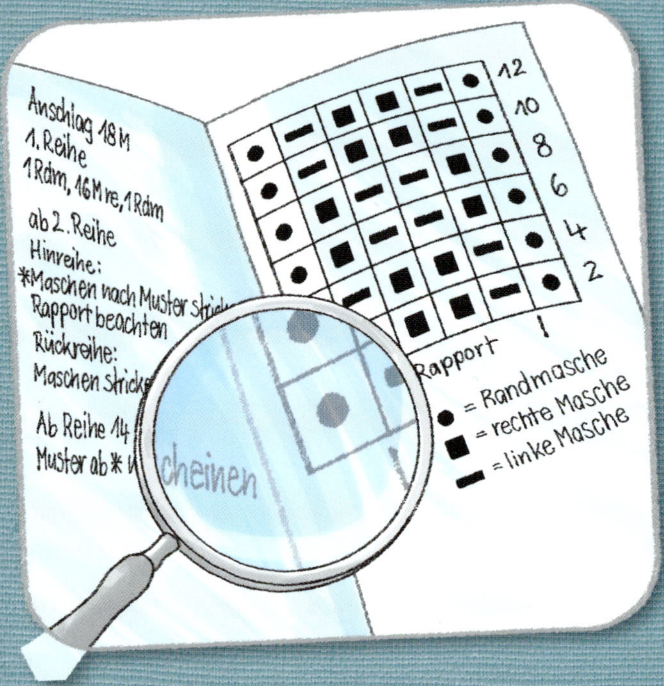

Material besorgen

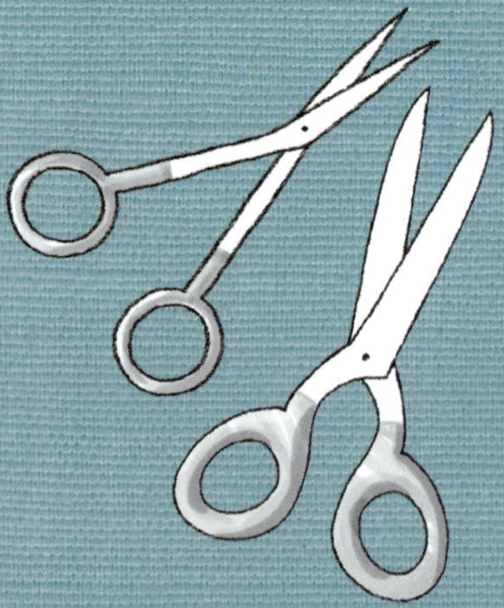

STRICKPLATZ

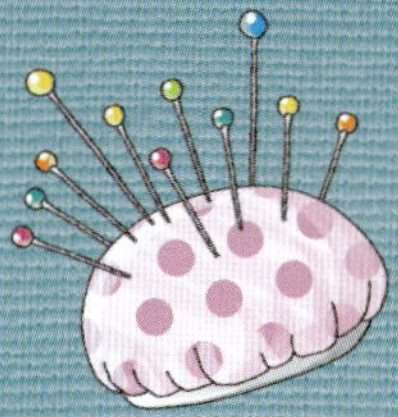

BANDEROLE LESEN

ANLEITUNG lesen

Anleitung lesen.

Einkaufsliste schreiben.

Das richtige Material einkaufen.

Kritische Stellen markieren und Fragen klären.

DER STRICKPLATZ

Lieblingsplatz wählen.

Für genügend Licht sorgen.

Lieblingstee oder Getränk bereitstellen.

Es sich gemütlich machen und losstricken.

BANDEROLE *lesen*

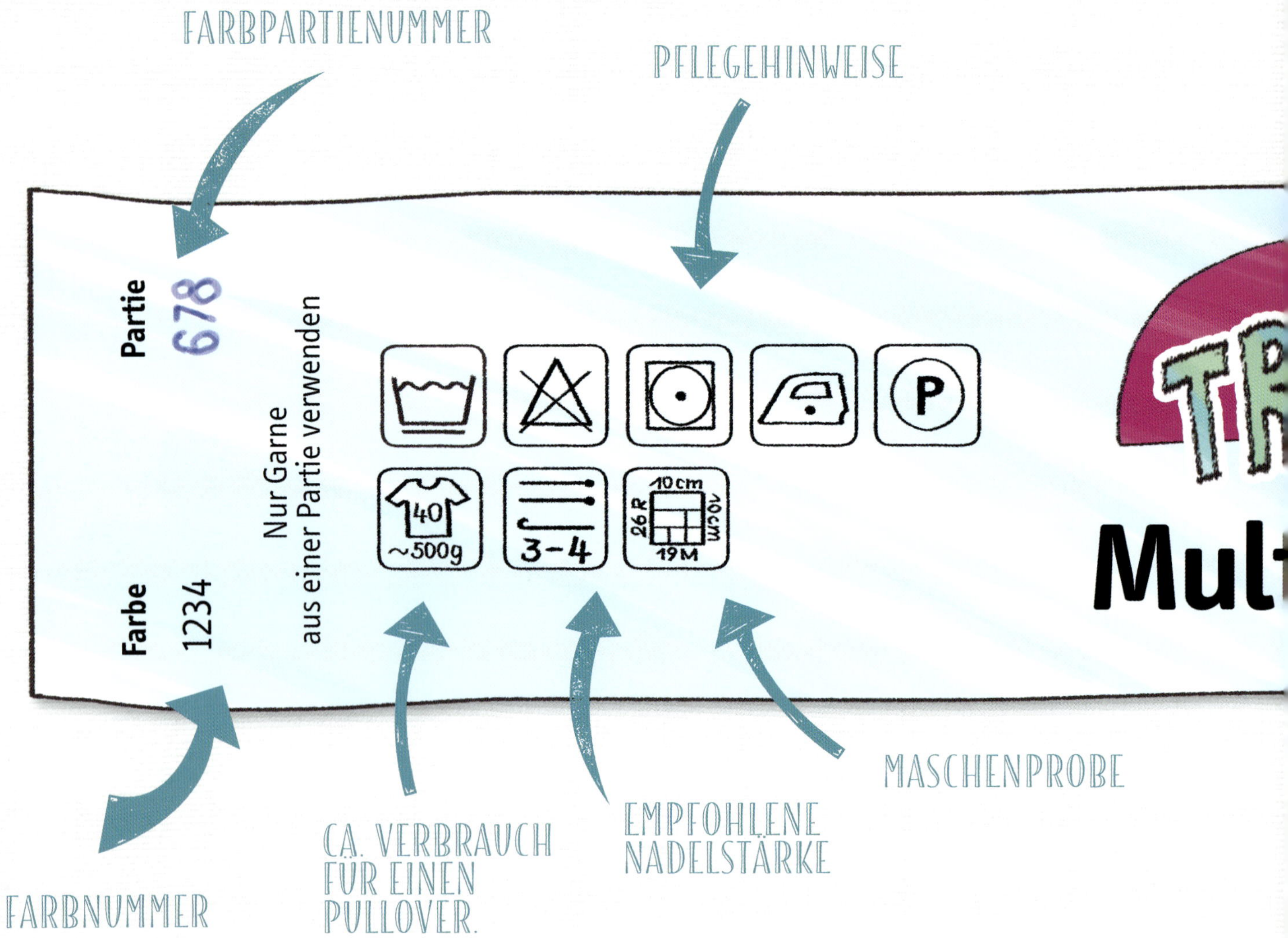

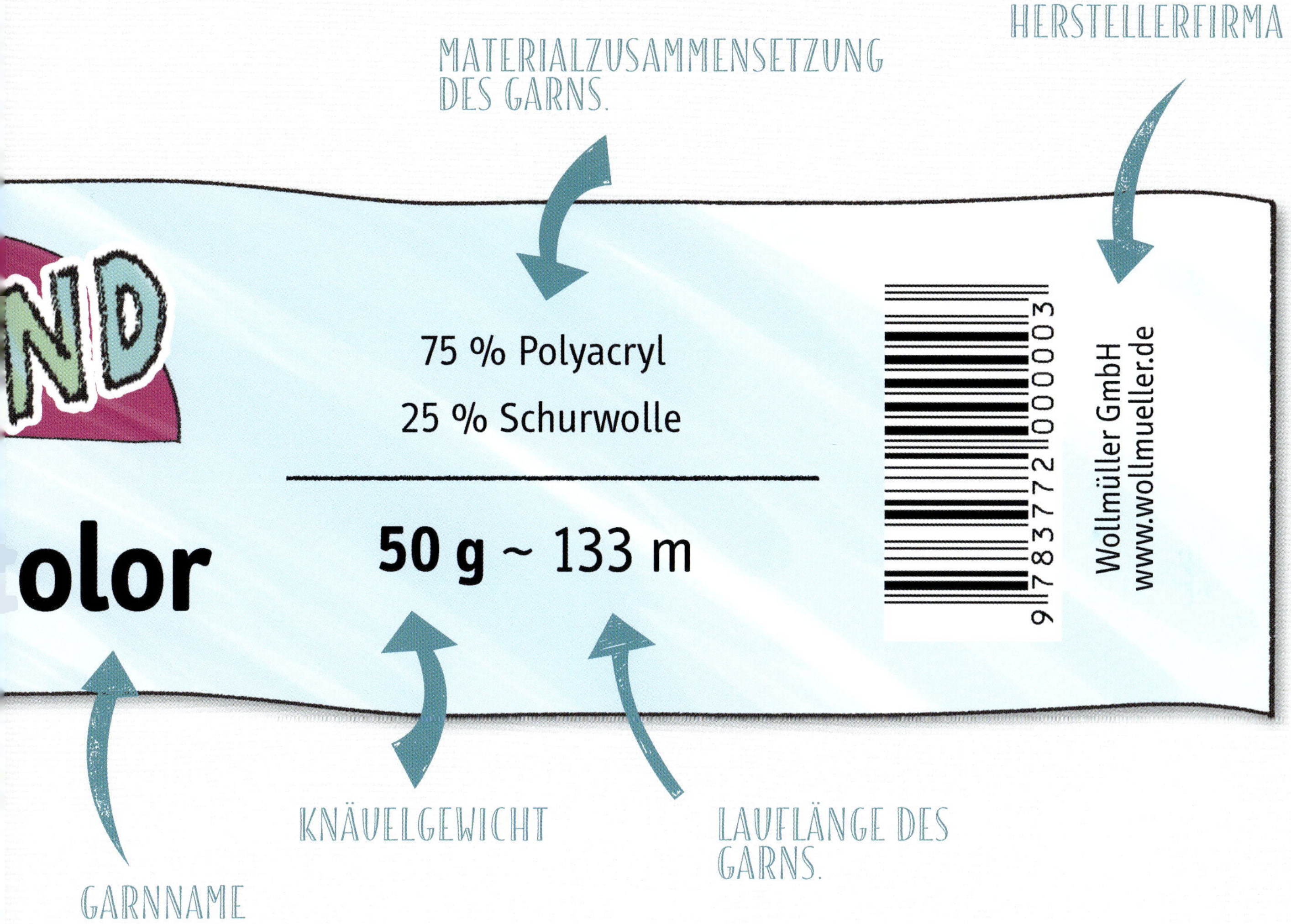
MATERIALZUSAMMENSETZUNG DES GARNS.
HERSTELLERFIRMA
ND
75 % Polyacryl
25 % Schurwolle
olor
50 g ~ 133 m
9 783772 000003
Wollmüller GmbH
www.wollmueller.de
GARNNAME
KNÄUELGEWICHT
LAUFLÄNGE DES GARNS.

STRICKEN *lernen*

GRUNDMASCHEN

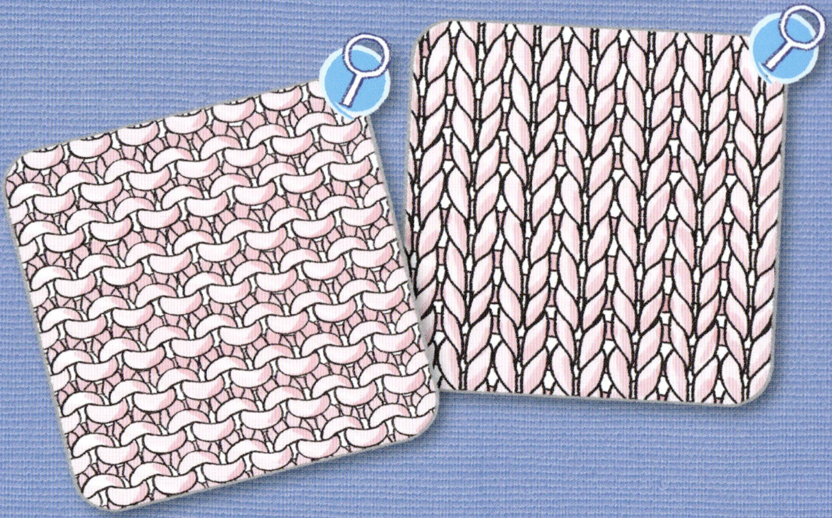

MASCHEN ANSCHLAGEN

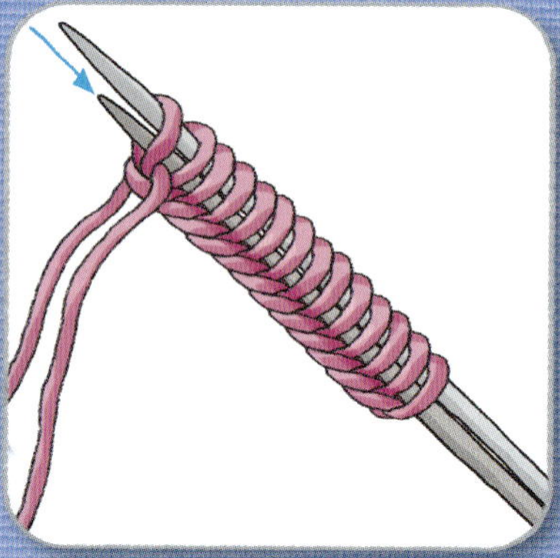

ZU- UND ABNEHMEN

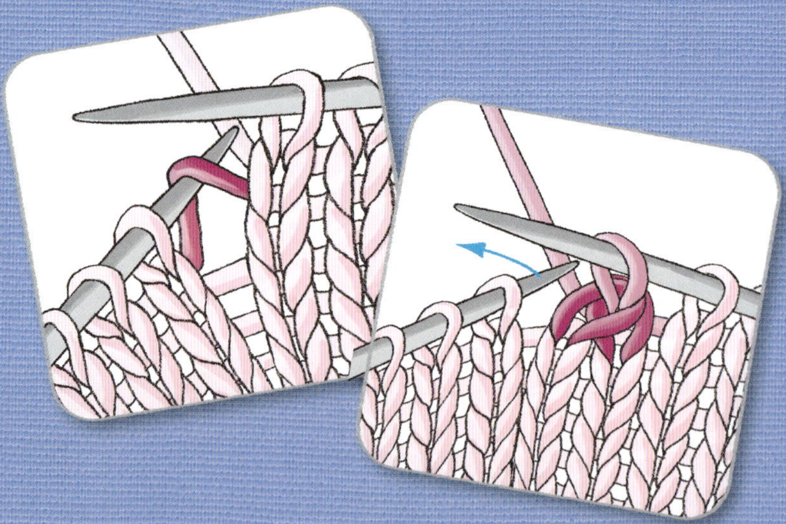

ABKETTEN

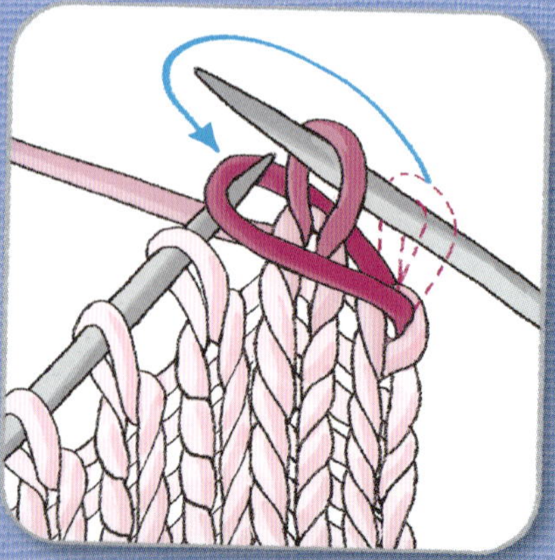

MASCHENPROBE

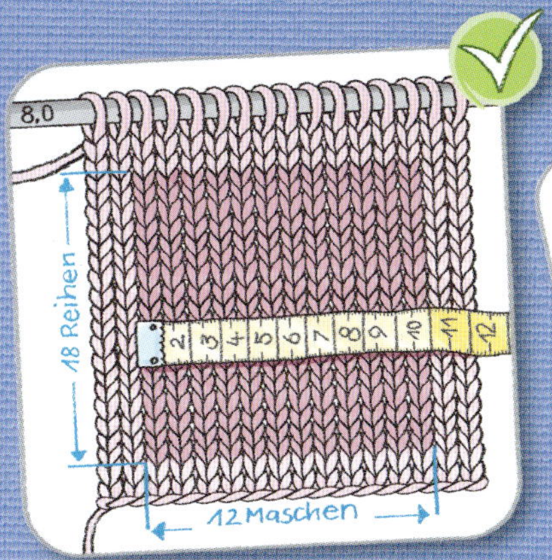

REIHEN UND RUNDEN

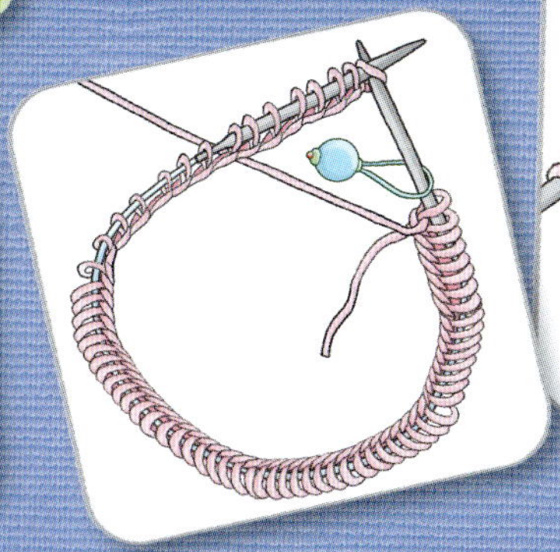

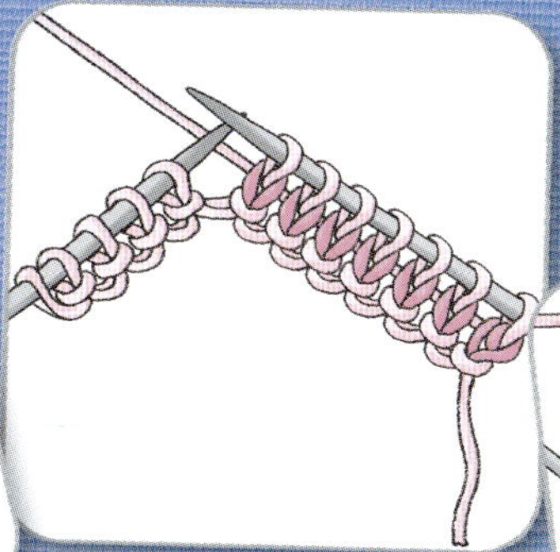

Maschen laut Anleitung von Maschennadel stricken. Hinreihe ist gestrickt.

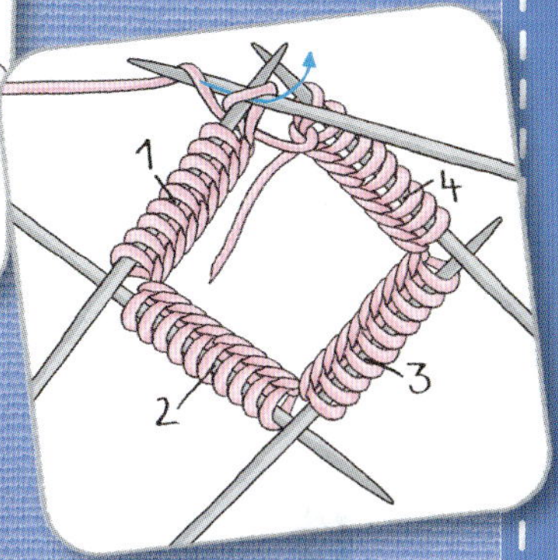

RANDMASCHEN

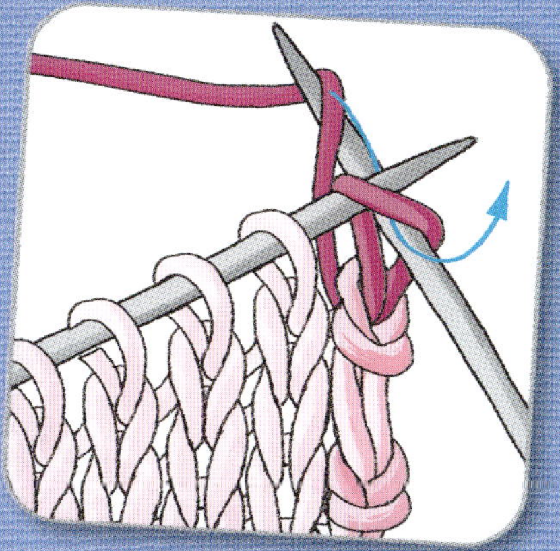

ARBEIT FERTIGSTELLEN

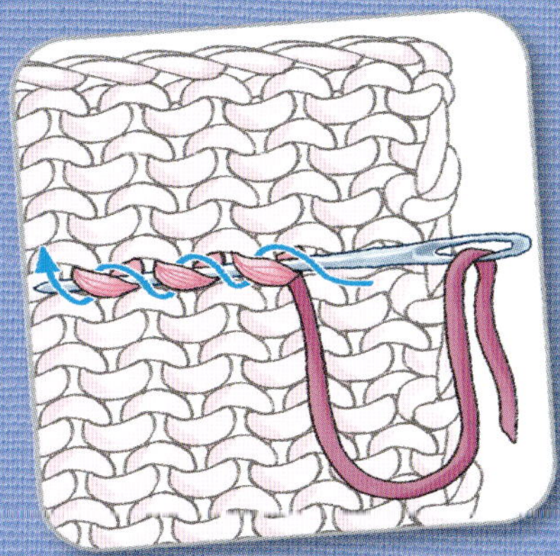

SPEZIALWISSEN

FADENHALTUNG

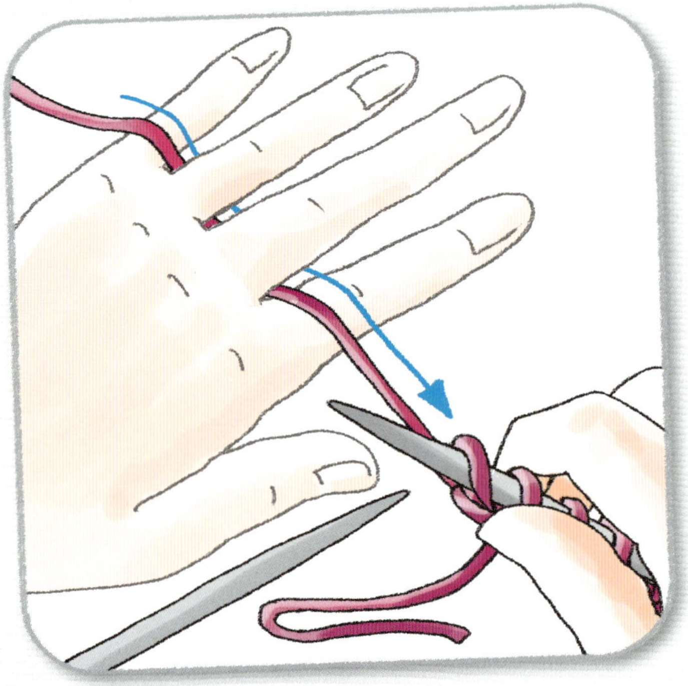

SCHRITT 1:

Faden über den kleinen Finger, unter Ring- und Mittelfinger und über den Zeigefinger führen.

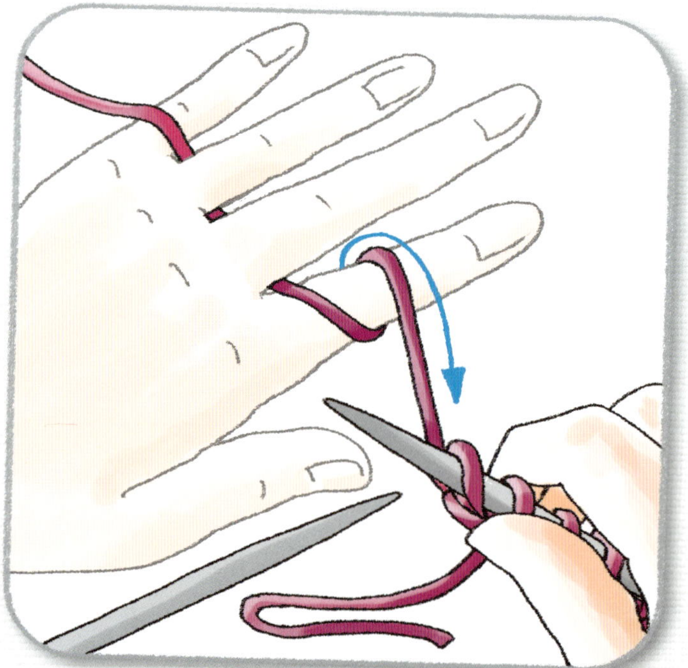

SCHRITT 2:

Faden für die Spannung 1x um den Zeigefinger wickeln.

Grundschlinge

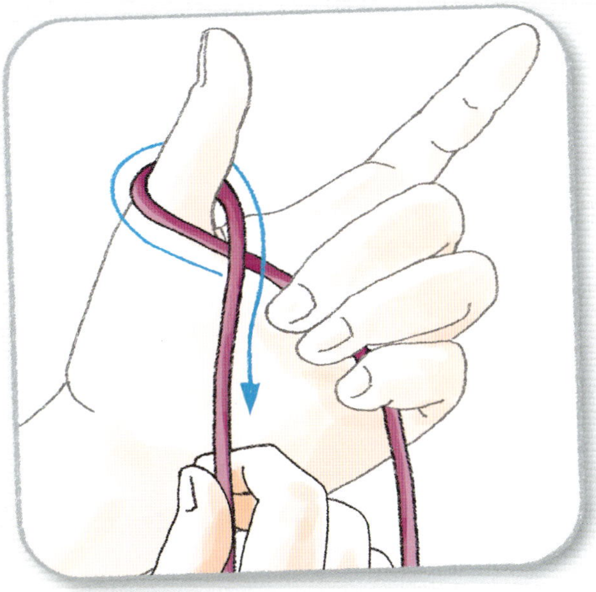

Schritt 1:

Faden mit Mittel-, Ring- und kleinem Finger fassen und um den linken Daumen legen.

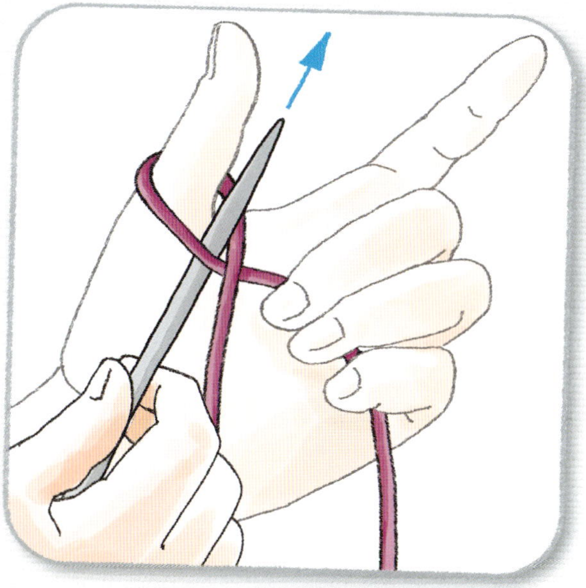

Schritt 2:

Nadel von unten in die Schlinge einstechen.

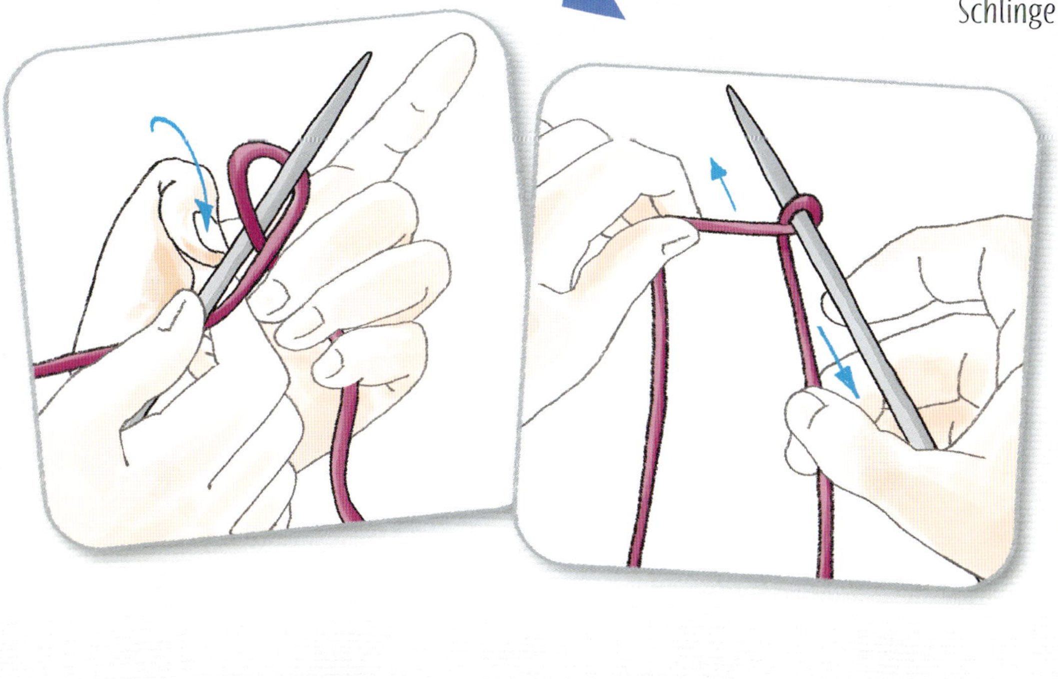

Schritt 3:

Daumen aus der Schlinge ziehen.

KREUZANSCHLAG

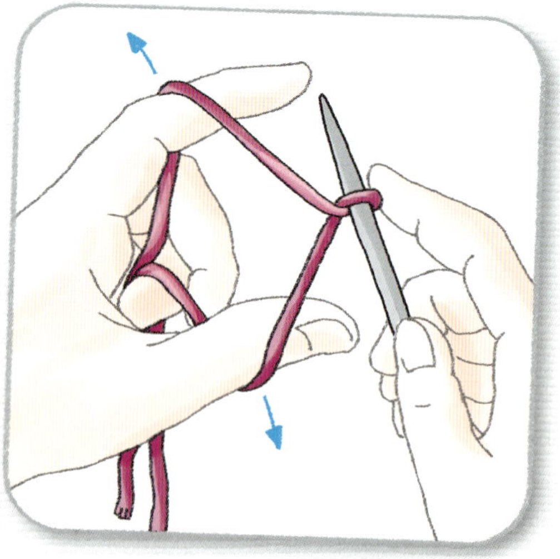

SCHRITT 1:
Grundschlinge machen, Faden über Daumen und Zeigefinger legen und leicht spannen.

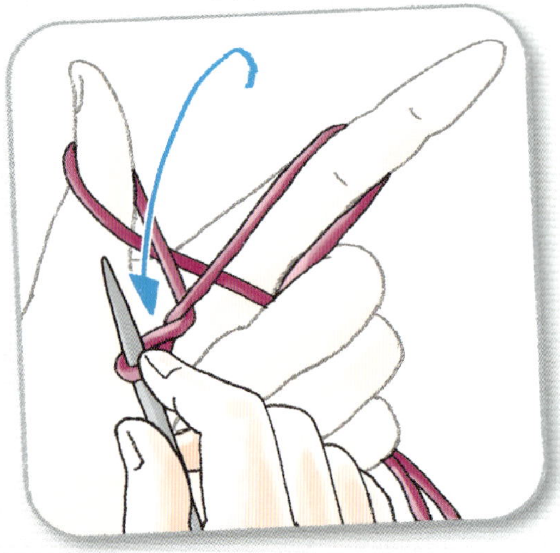

SCHRITT 2:
Daumen anheben und Nadel nach unten ziehen.

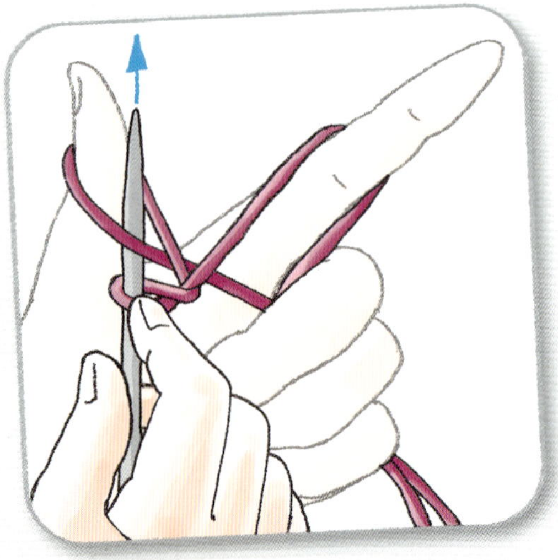

SCHRITT 3:
Von unten in die Daumenschlinge stechen.

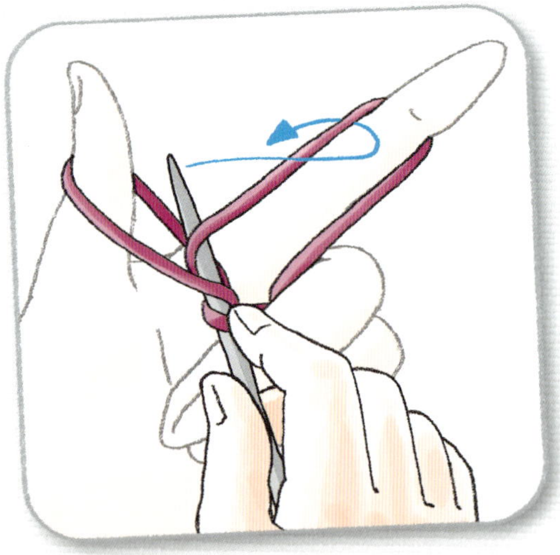

SCHRITT 4:
Nadel von rechts hinter Zeigefingerfaden führen.

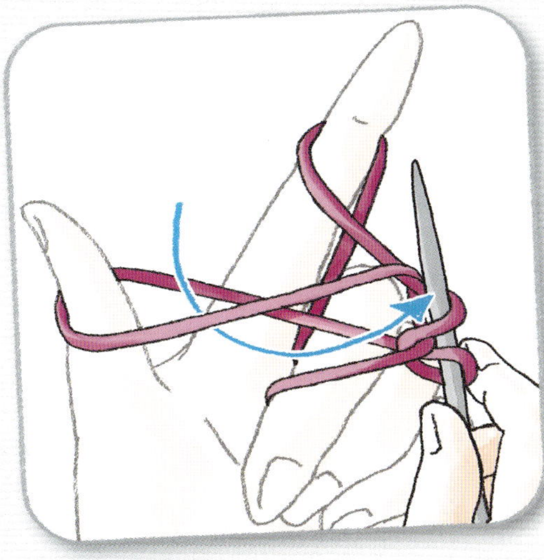

SCHRITT 5:
Nadel durchholen.

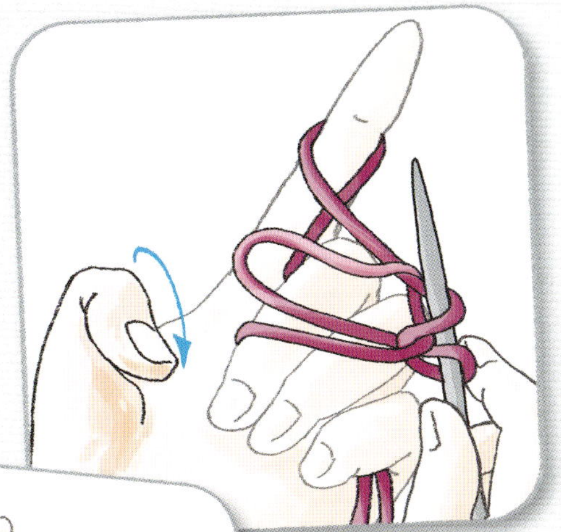

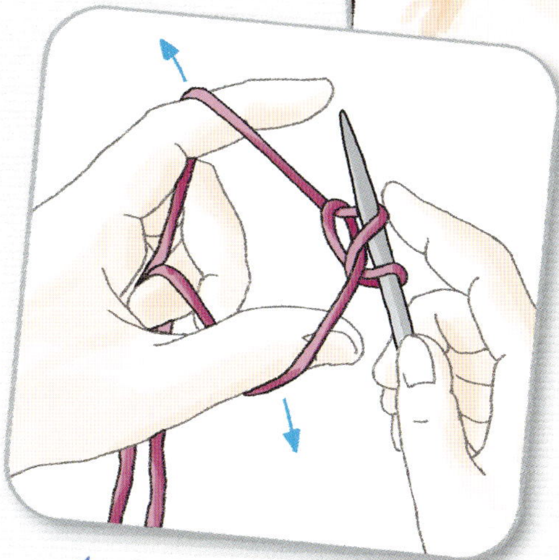

SCHRITT 6:
Schlaufe vom Daumen gleiten lassen und Faden anziehen.

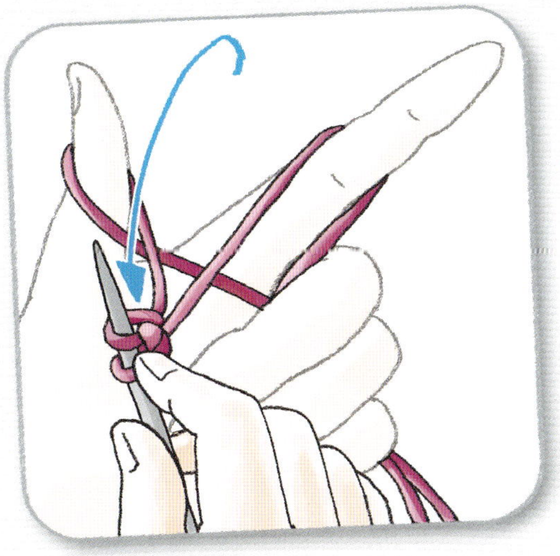

SCHRITT 7:
Daumen wieder unter den Faden gleiten lassen und wieder bei Schritt 2 beginnen.

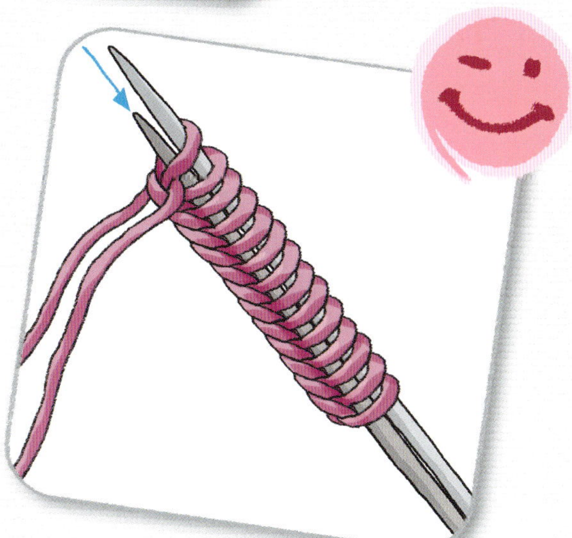

TIPP:
2 Nadeln = Anschlag nicht so fest.

GRUNDMASCHEN

RECHTE MASCHEN

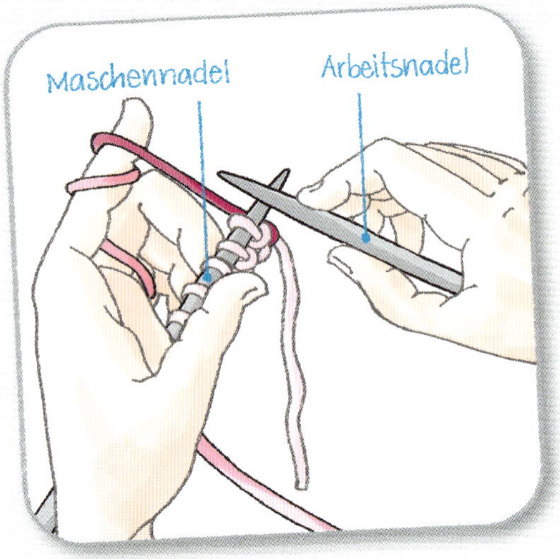

Maschennadel = linke Hand;
Arbeitsnadel = rechte Hand.
Faden = hinter der Nadel.

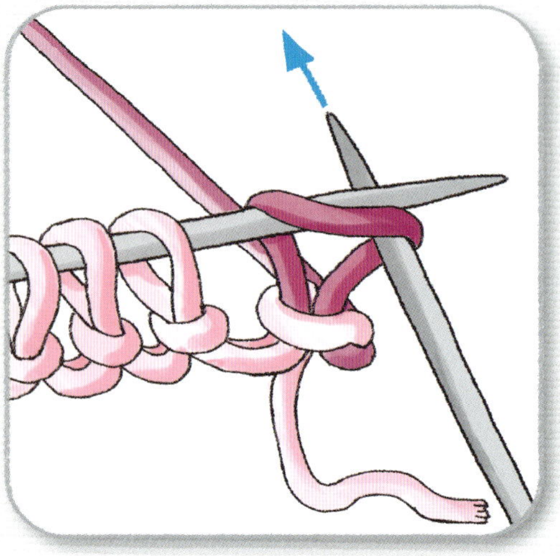

Arbeitsnadel von rechts vorne in die 1. Masche auf der Maschennadel einstechen.

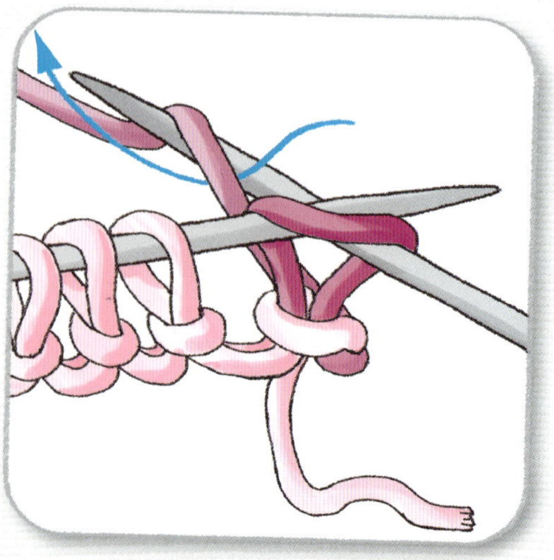

Faden mit der Arbeitsnadel von hinten erfassen …

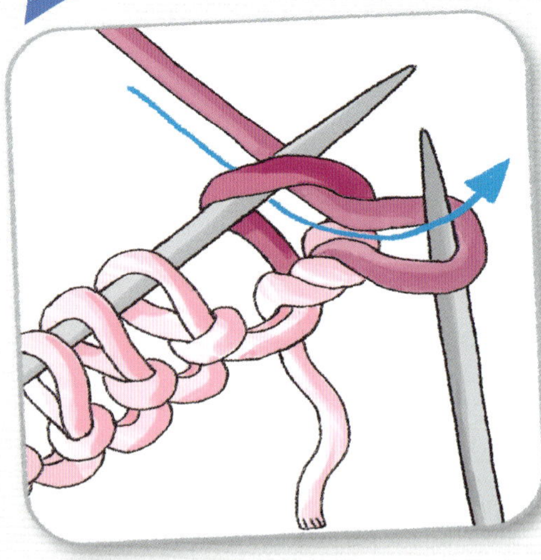

… durch die Masche ziehen.

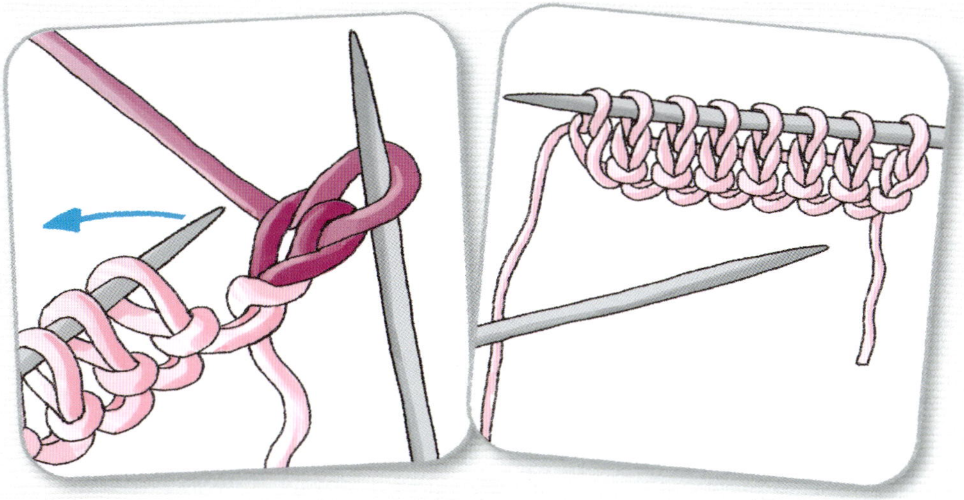

Maschennadel aus der Masche ziehen.

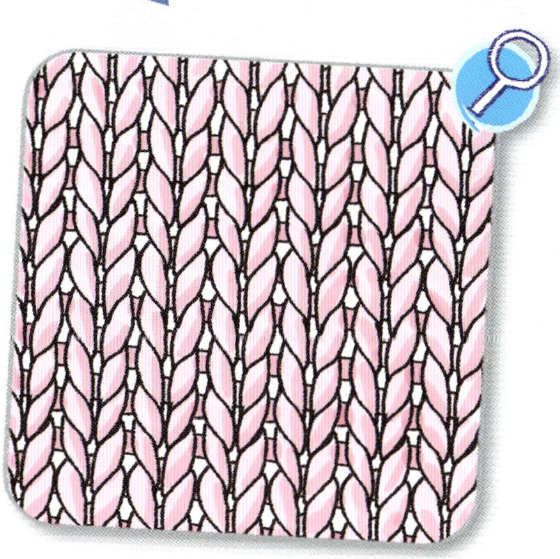

MUSTER KRAUS RECHTS:

In Reihen in Hin- und Rückreihen rechte Maschen stricken. In Runden eine Runde rechte Maschen und eine Runde linke Maschen abwechselnd stricken.

MUSTER GLATT RECHTS:

In Reihen in Hinreihen rechte Maschen, in Rückreihen linke Maschen stricken. In Runden jede Runde rechte Maschen stricken.

GRUNDMASCHEN

LINKE MASCHEN

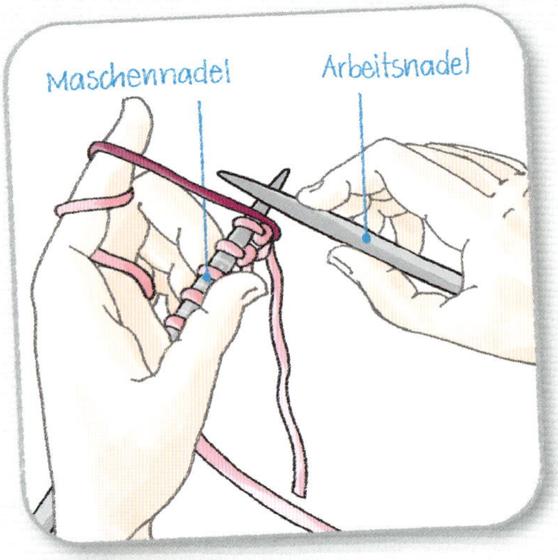

Maschennadel = linke Hand,
Arbeitsnadel = rechte Hand.
Faden = vor der Nadel.

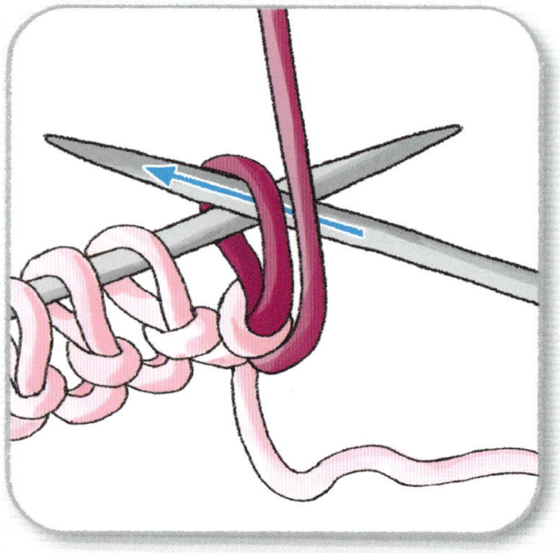

Arbeitsnadel von rechts hinten in die 1. Masche auf der Maschennadel einstechen.

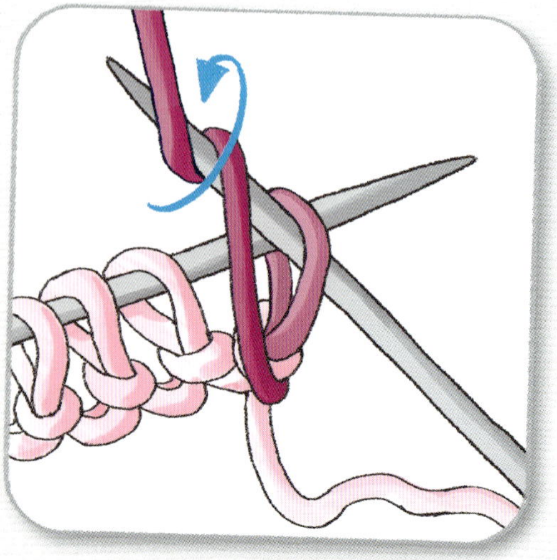

Faden mit der Arbeitsnadel erfassen.

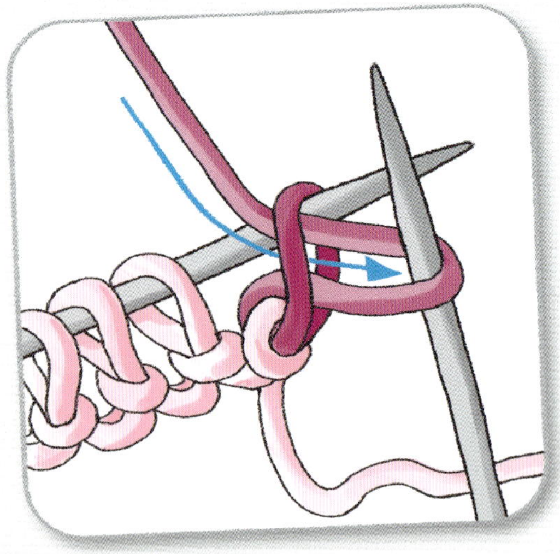

Faden durch die Masche auf der Maschennadel ziehen.

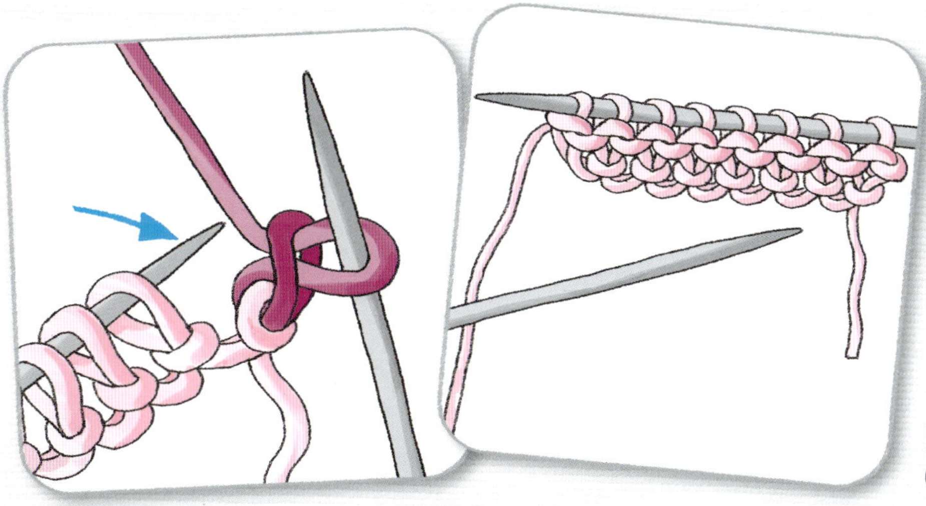

Maschennadel aus der Masche ziehen.

MUSTER KRAUS LINKS:

In Reihen in Hin- und Rückreihen linke Maschen stricken. In Runden eine Runde linke Maschen und eine Runde rechte Maschen stricken.

MUSTER GLATT LINKS:

In Reihen in Hinreihen linke Maschen und in Rückreihen rechte Maschen. In Runden alle Maschen links stricken.

Maschen *rechts abketten*

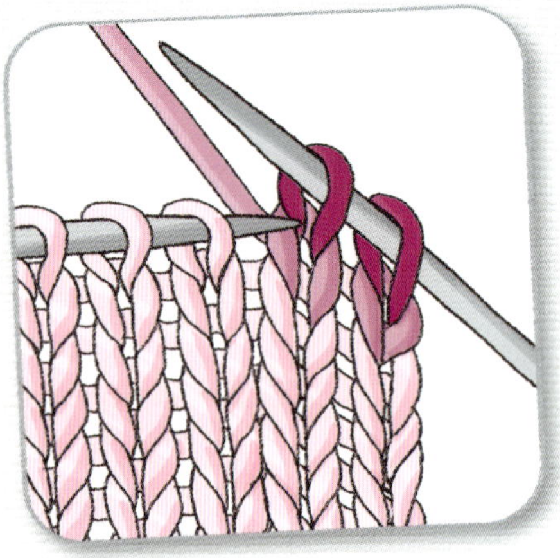

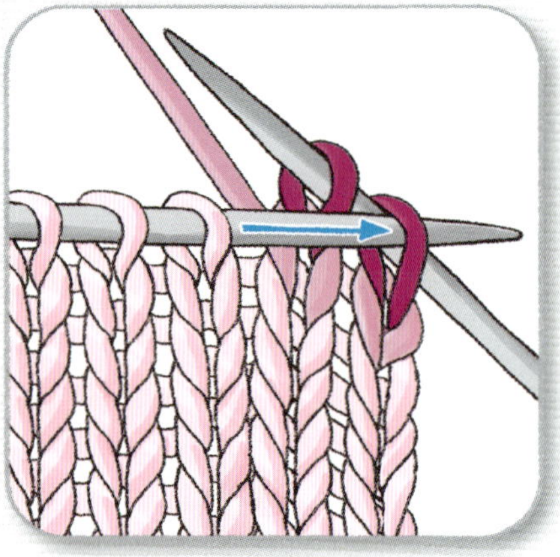

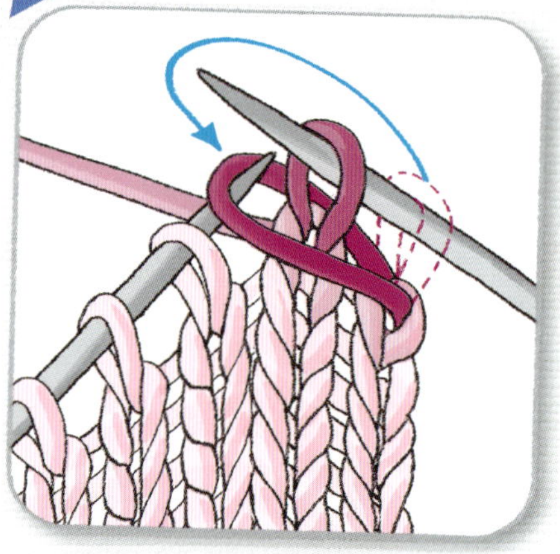

Schritt 1:
Maschen 1 und 2 rechts stricken.

Schritt 2:
1. Masche mit Maschennadel von links nach rechts einstechen.

Schritt 3:
Masche über die davor liegende Masche heben und Maschennadel aus Masche ziehen.

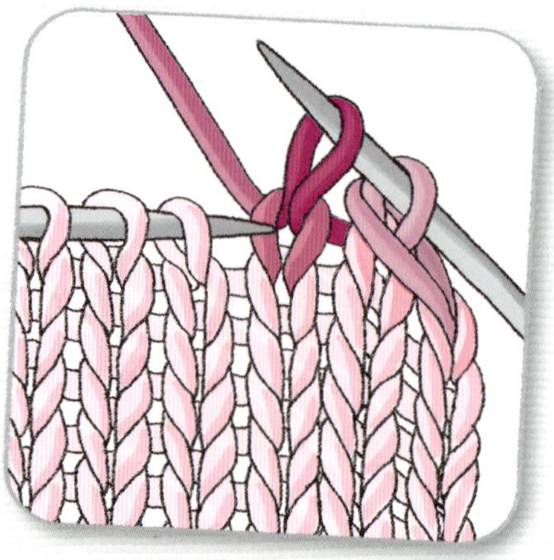

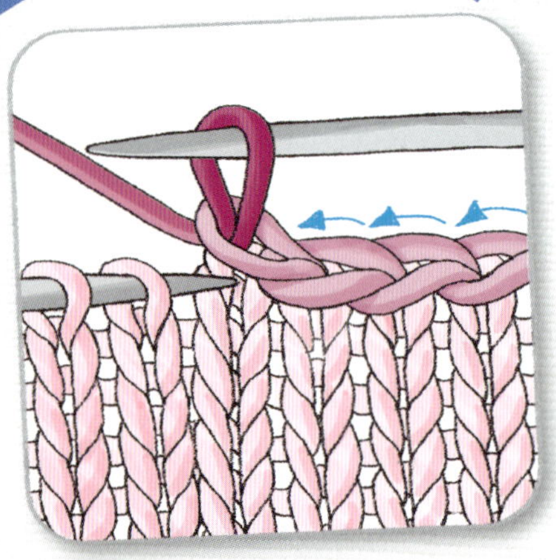

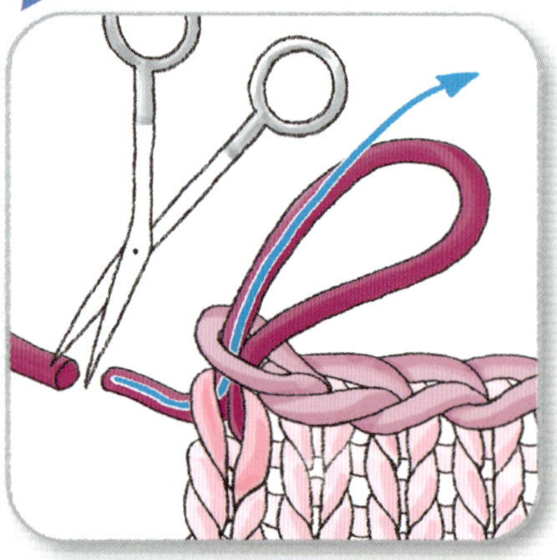

Masche 3 rechts stricken und wieder bei Schritt 2 beginnen.

Die Schritte 1–3 so oft wiederholen, wie angegeben oder bis alle Maschen abgekettet sind.

Nach letzter Masche Faden vom Knäuel trennen und durch letzte Masche ziehen.

MASCHEN *links abketten*

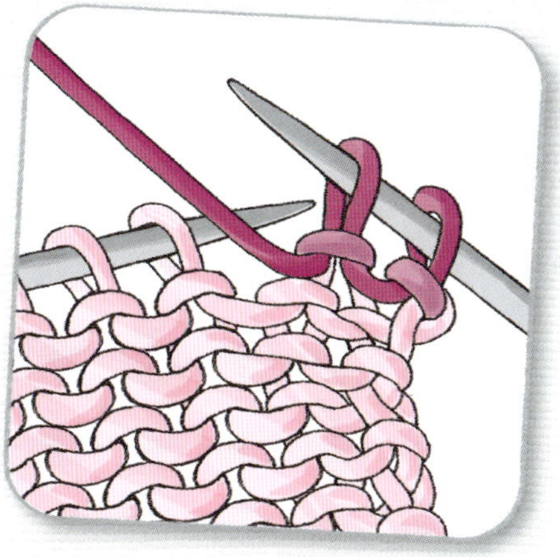

SCHRITT 1:
Masche 1 und 2 links stricken.

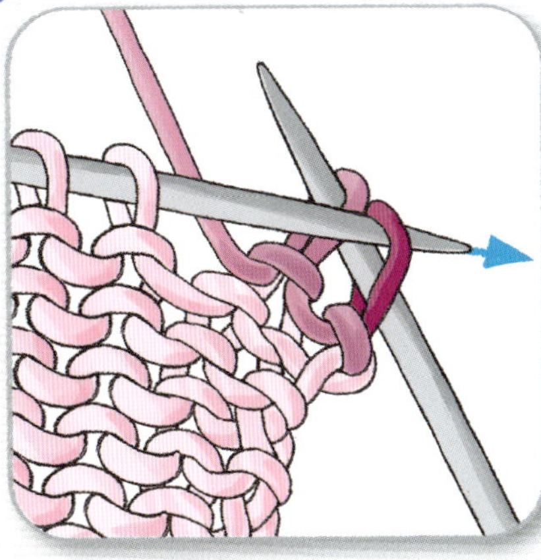

SCHRITT 2:
Maschennadel von links nach rechts in die 1. Masche einstechen.

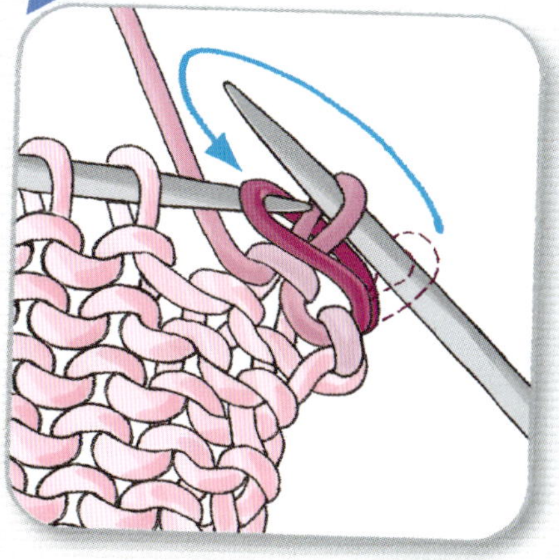

SCHRITT 3:
1. Masche mit der Maschennadel über die 2. Masche heben.

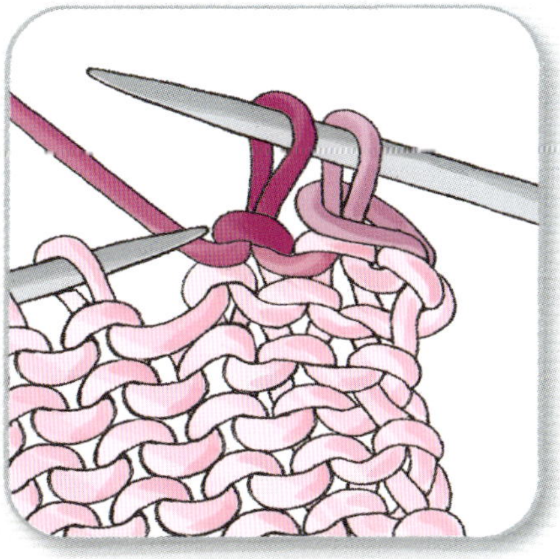

Masche 3 links stricken und wieder bei Schritt 2 beginnen.

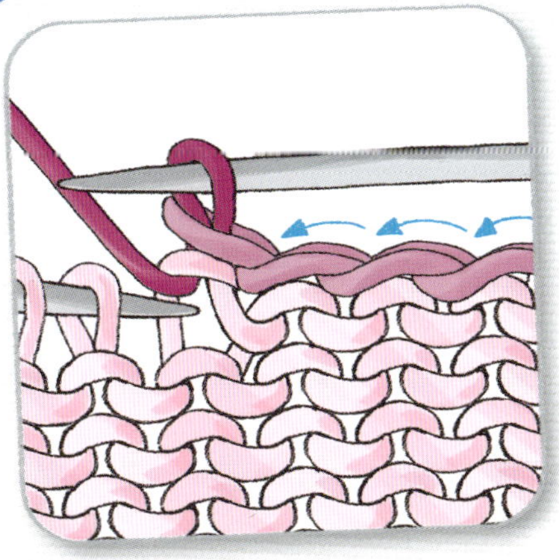

Die Schritte 1-3 so oft wiederholen, wie angegeben oder bis alle Maschen abgekettet sind.

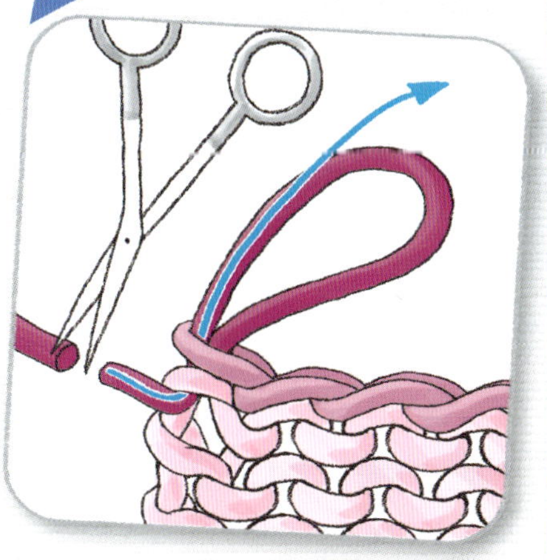

Masche Faden vom Knäuel trennen und durch letzte Masche ziehen.

MASCHEN *zunehmen*

ZUNAHME MIT UMSCHLAG

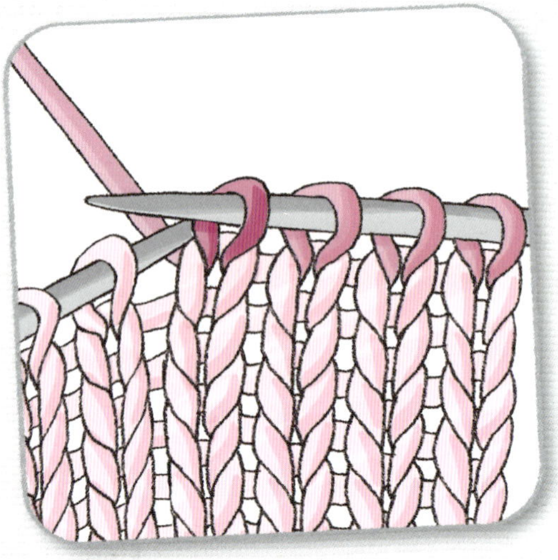

Angegeben Maschenzahl stricken.

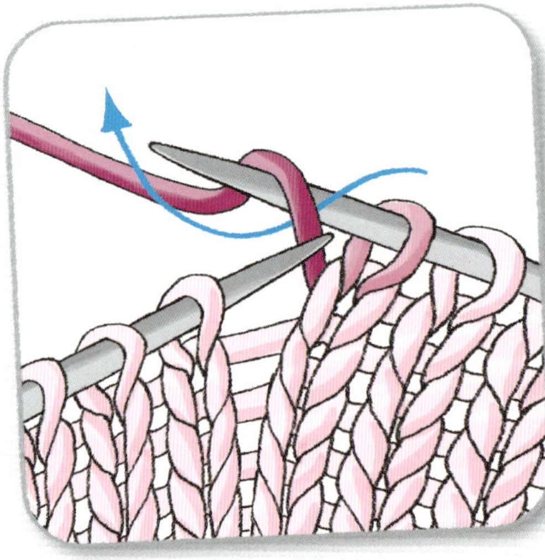

Faden über Arbeitsnadel legen.

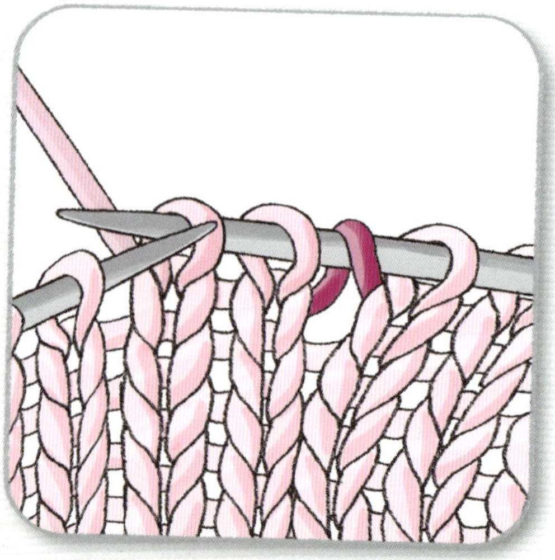

Wie gewohnt weiterstricken.

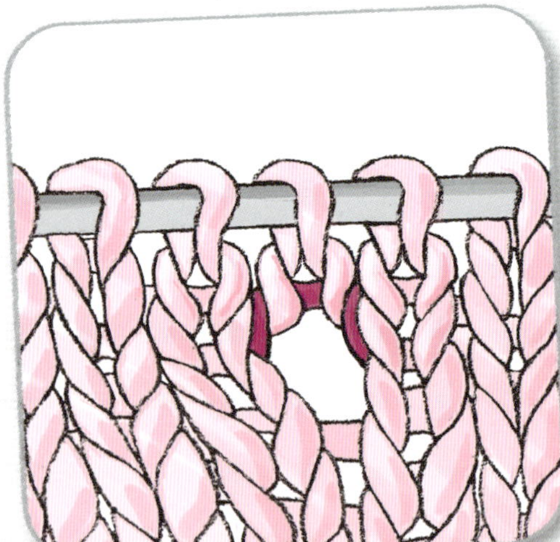

Fertiges Loch.

Zunahme aus dem Querfaden

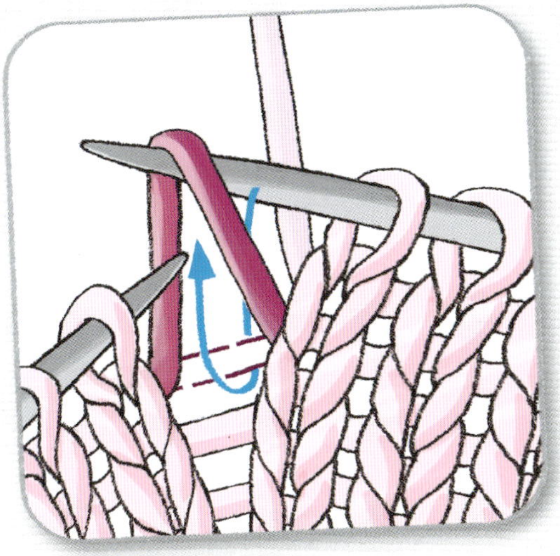

Mit Arbeitsnadel von rechts nach links den Querfaden zwischen den Maschen aufnehmen.

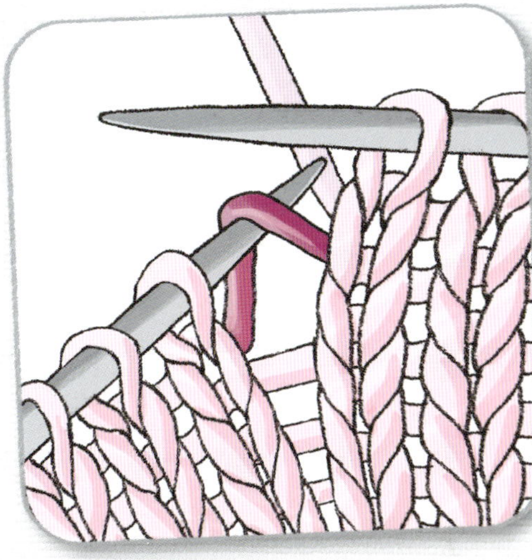

Querfaden auf linke Maschennadel legen.

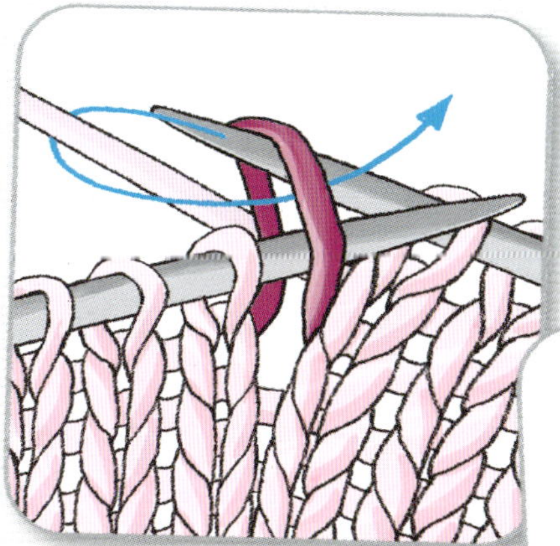

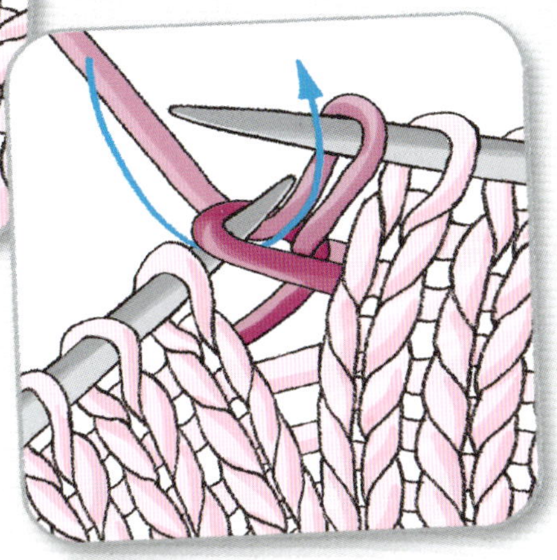

Masche rechts verschränkt abstricken (siehe Seite 58).

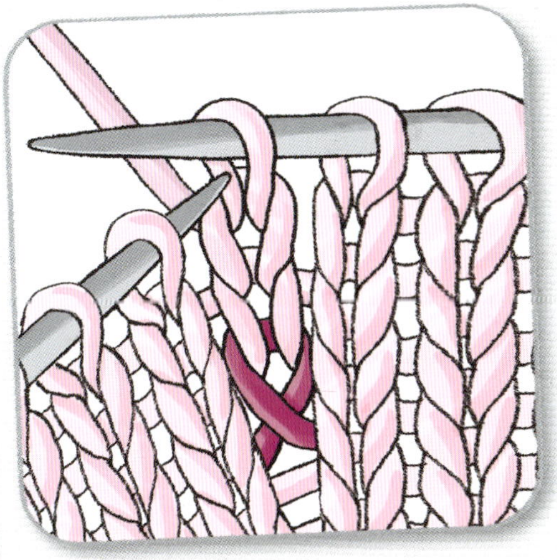

Zugenommene Masche ohne Loch.

Maschen *abnehmen*

2 Maschen rechts zusammenstricken

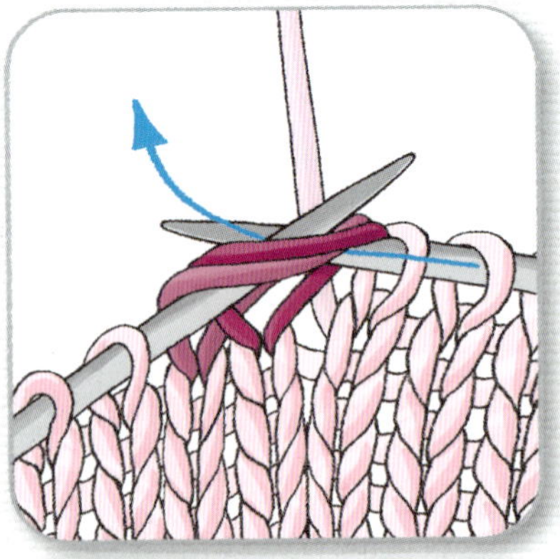

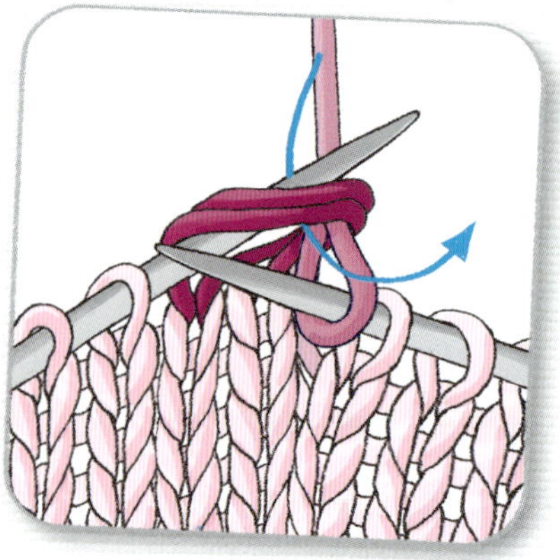

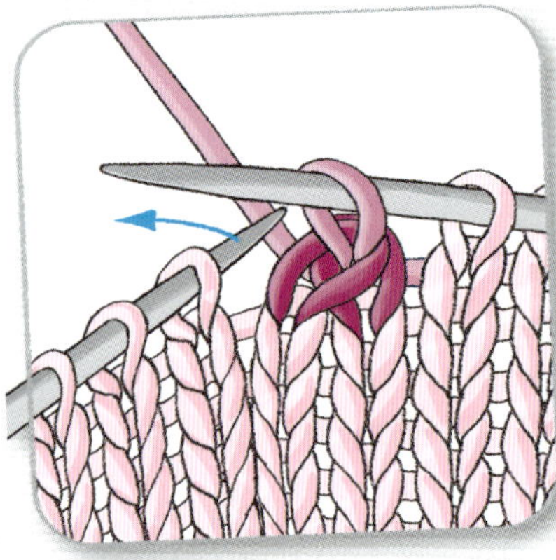

Schritt 1:
Mit Arbeitsnadel 2 Maschen von der Maschennadel von rechts nach links einstechen.

Schritt 2:
Faden durch beiden Maschen auf der Maschennadel ziehen.

Schritt 3:
Maschennadel aus den 2 Maschen ziehen. Die Schritte 1-3 so oft wiederholen, wie angegeben.

2 Maschen links zusammenstricken

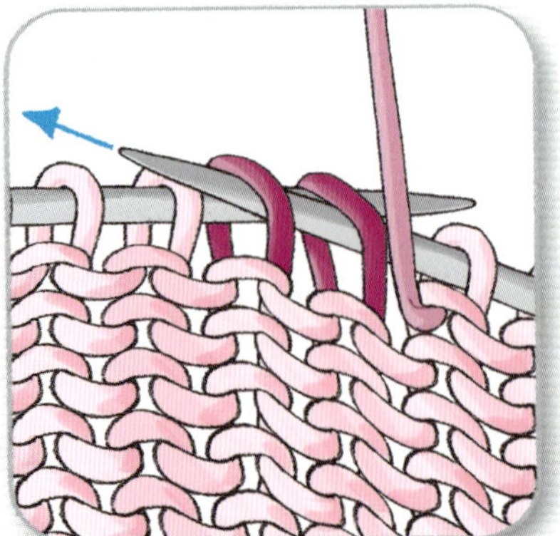

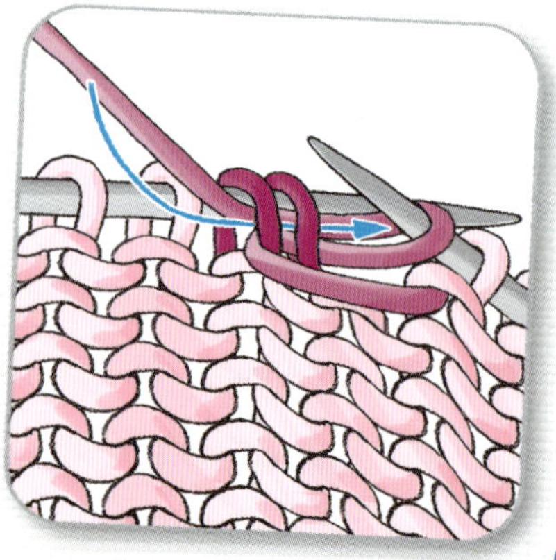

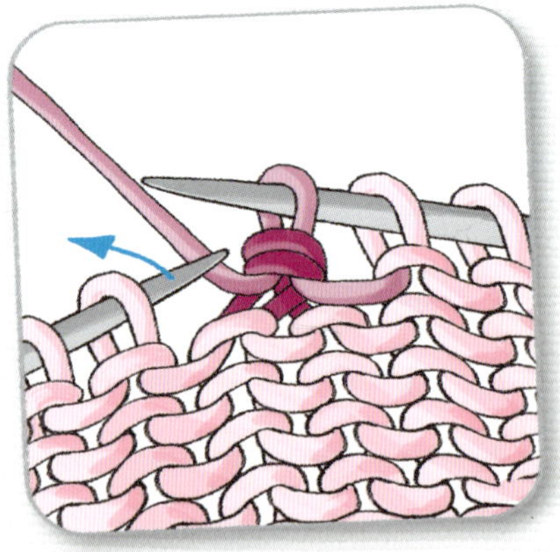

Schritt 1:
Mit Arbeitsnadel 2 Maschen von der Maschennadel von links nach rechts einstechen.

Schritt 2:
Faden durch die 2 Maschen auf der Maschennadel ziehen.

Schritt 3:
Maschennadel aus den 2 Maschen ziehen. Die Schritte 1-3 so oft wiederholen, wie angegeben.

2 MASCHEN RECHTS ÜBERZOGEN ZUSAMMENSTRICKEN

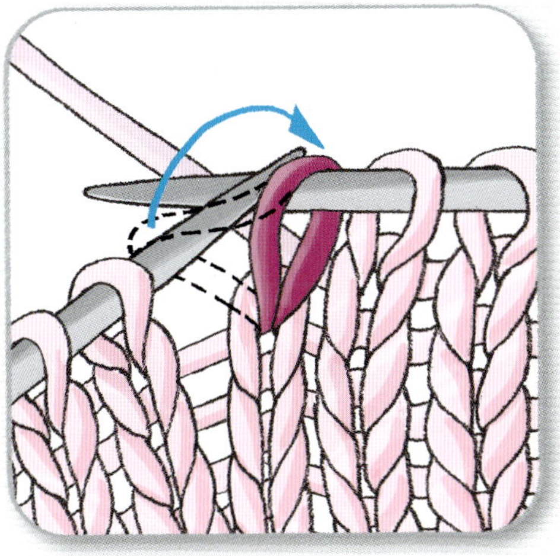

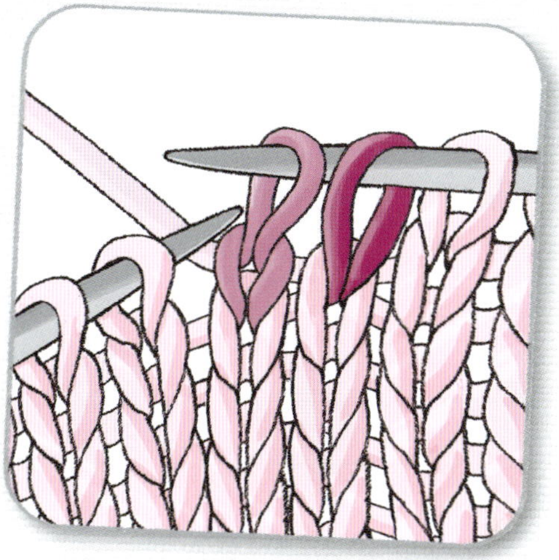

SCHRITT 1:

Arbeitsnadel von rechts nach links in die 1. Masche einstechen und Masche abheben.

SCHRITT 2:

2. Masche rechts stricken.

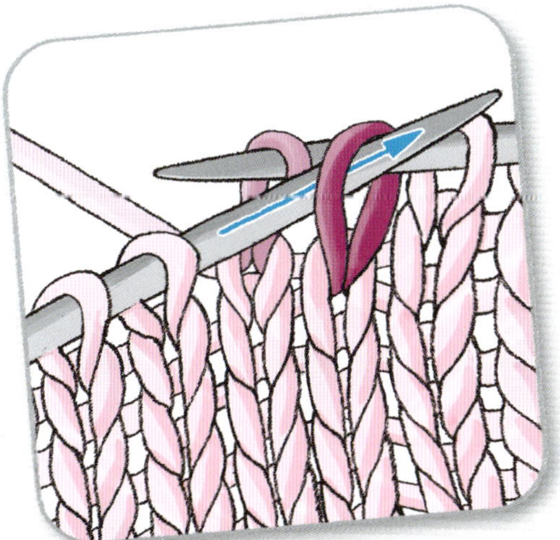

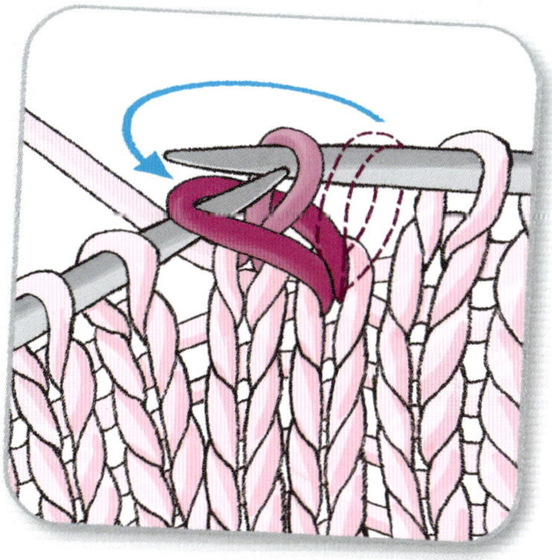

SCHRITT 3:

Mit Maschennadel von links nach rechts in die 1. Masche einstechen.

SCHRITT 4:

1. Masche über die 2. Masche heben.

MASCHENPROBE

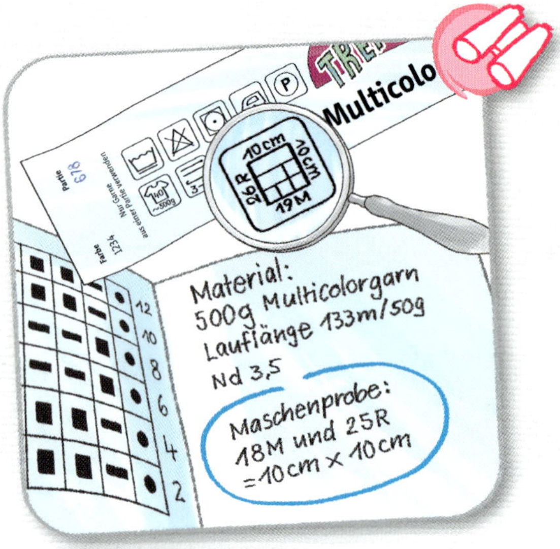

Wo finde ich die Maschenprobe?

Sie ist wichtig, um die richtige Größe zu stricken.

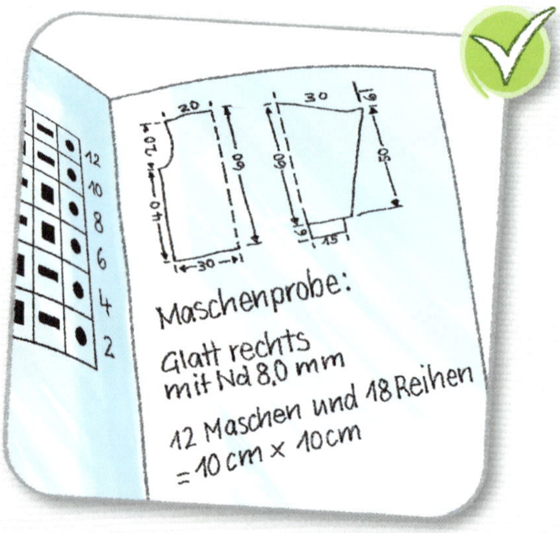

Immer die Maschenprobe aus der Anleitung verwenden.

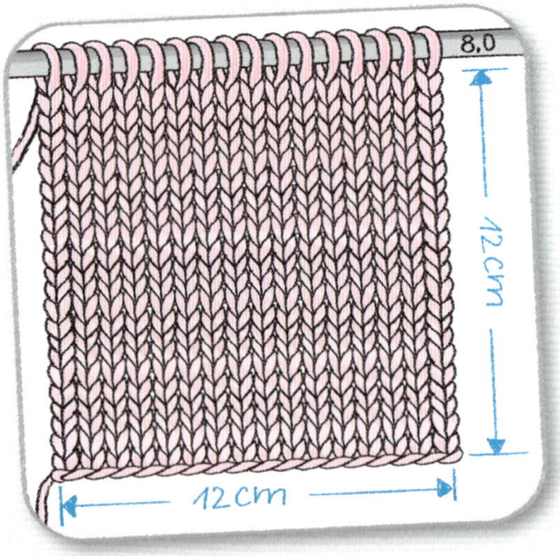

Genügend Maschen für 12 cm x 12 cm anschlagen. Das sind ca. 4 - 6 Maschen mehr als angegeben.

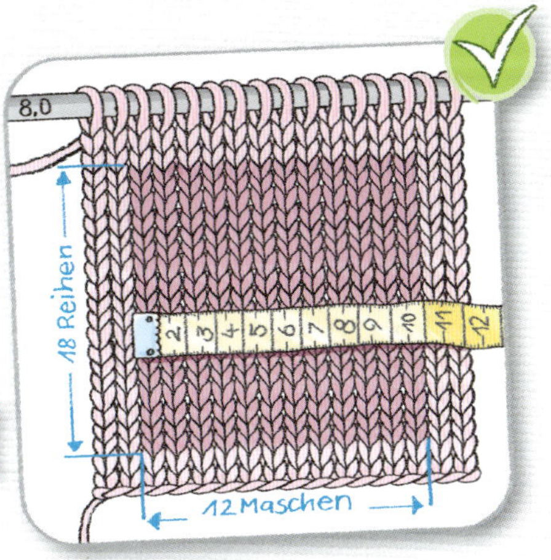

In dem Strickstück die Maschen und Reihen auf 10 cm x 10 cm auszählen.

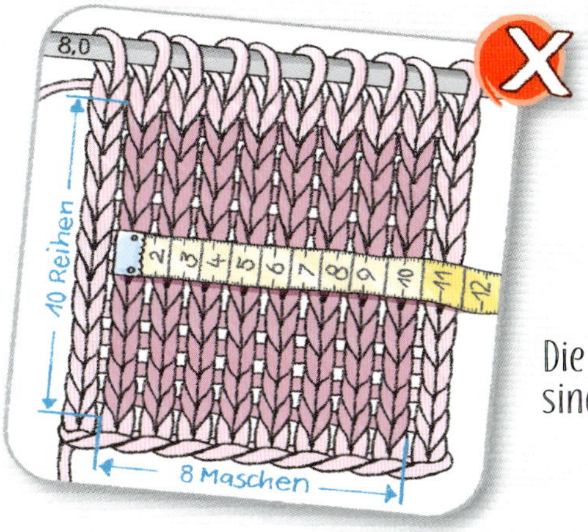

Die Maschen sind zu groß.

Die Maschen sind zu klein.

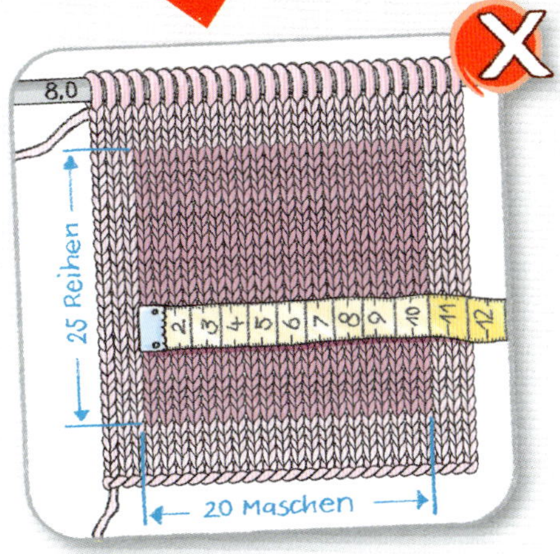

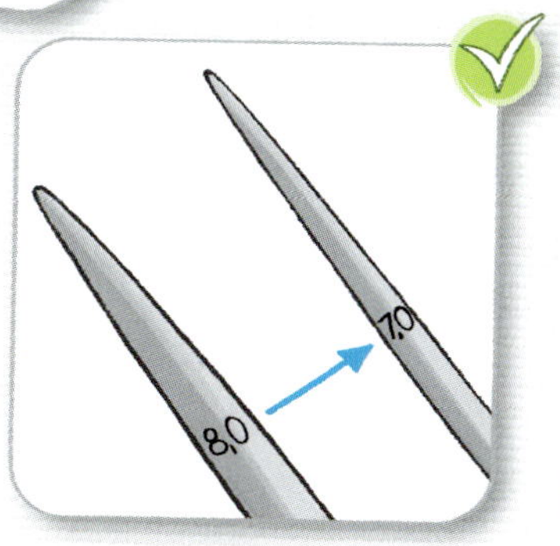

Zu große Maschen
→ kleinere Nadelstärke.

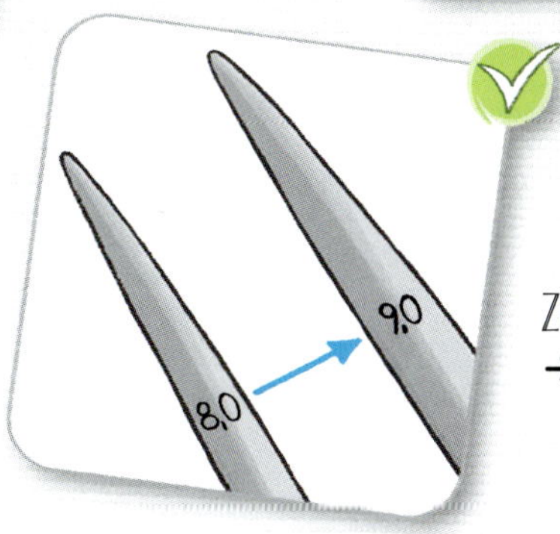

Zu kleine Maschen
→ größere Nadelstärke.

Zwei Garne austauschen
= gleiche Garnstärke.

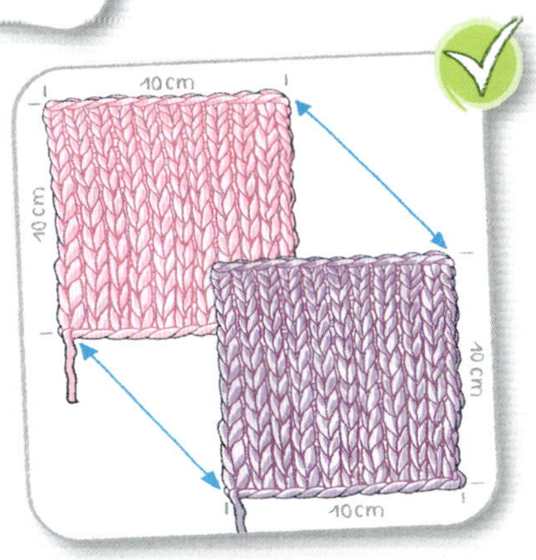

Maschenprobe 1 = Maschenprobe 2

In Reihen stricken

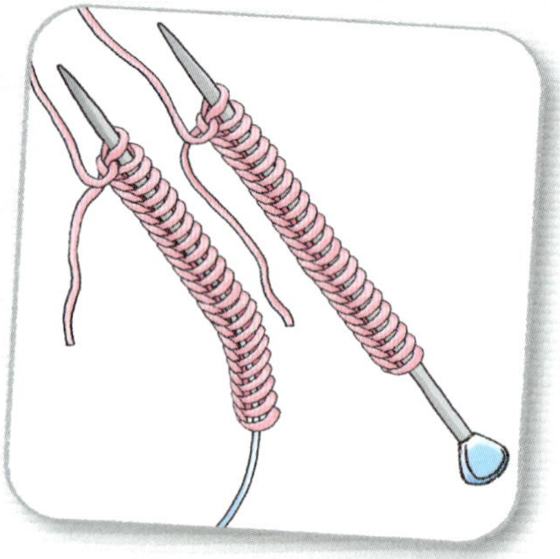

Maschen auf einer Jackennadel oder einer Rundstricknadel anschlagen.

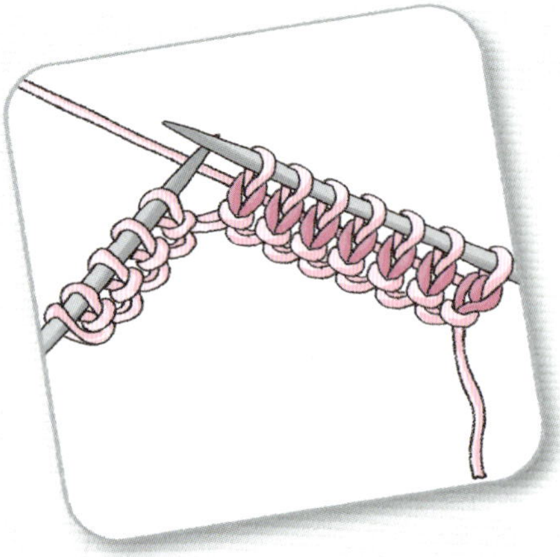

Maschen laut Anleitung von Maschennadel stricken, Hinreihe ist gestrickt.

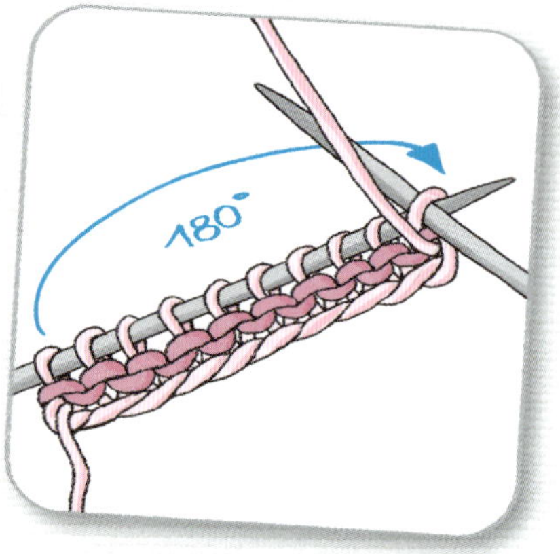

Arbeitsnadel am Ende der Reihe um 180 ° wenden, Rückreihe stricken.

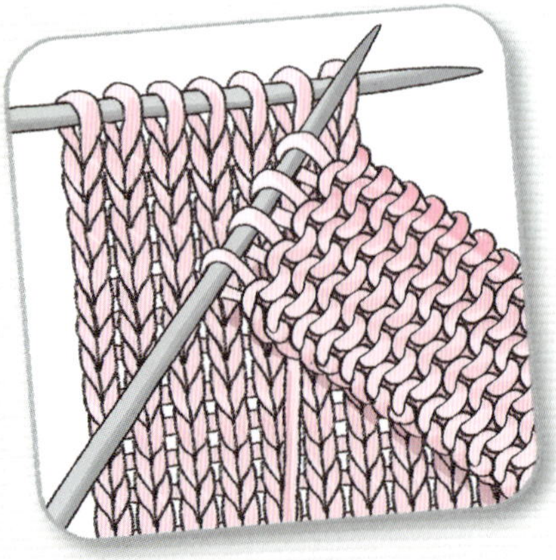

Maschen stricken, wie sie erscheinen. = Wie sie auf der Vorderseite aussehen.

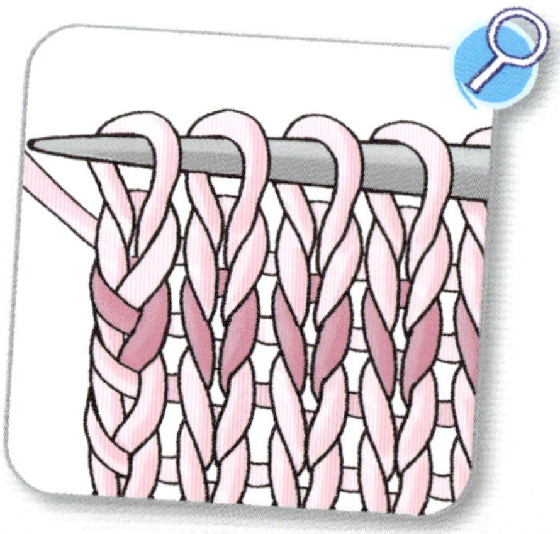

Vorderseite = rechte Maschen

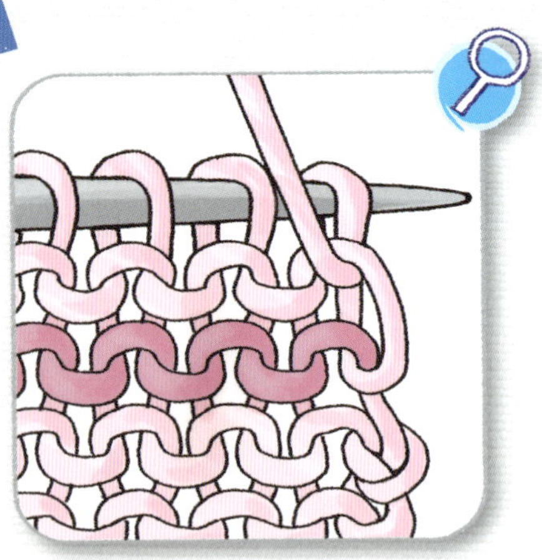

Rückseite = linke Maschen

In Runden stricken

Mit der Rundstricknadel

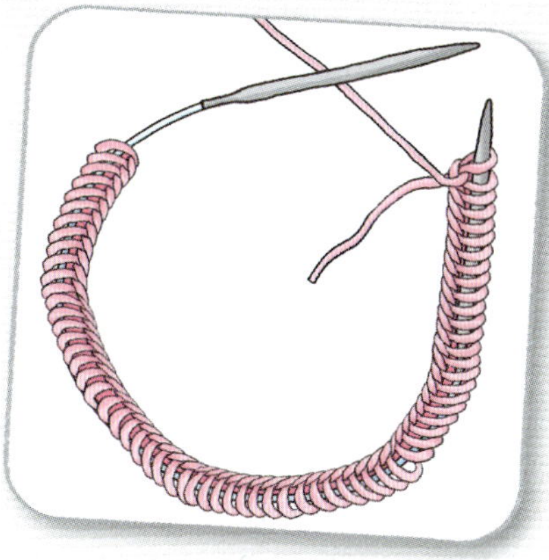

Maschen auf eine Rundstricknadel anschlagen.

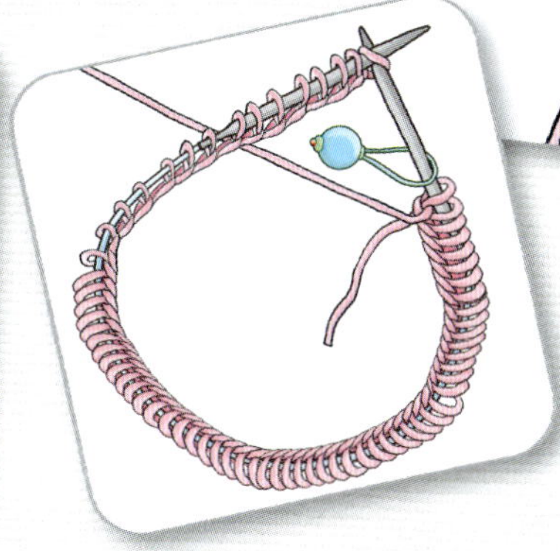

Maschenmarkierer auf die Arbeitsnadel = Rundenende.

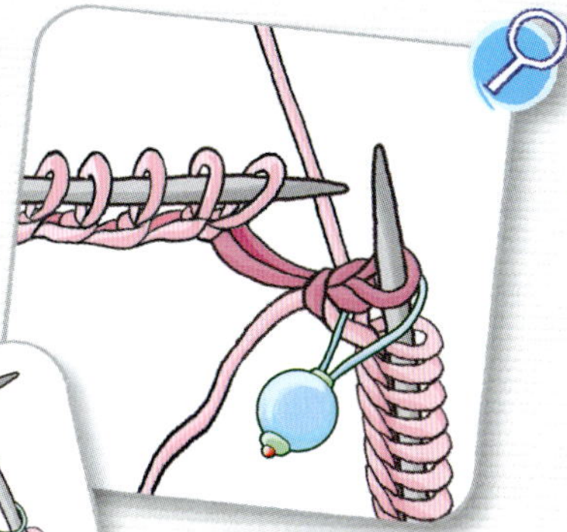

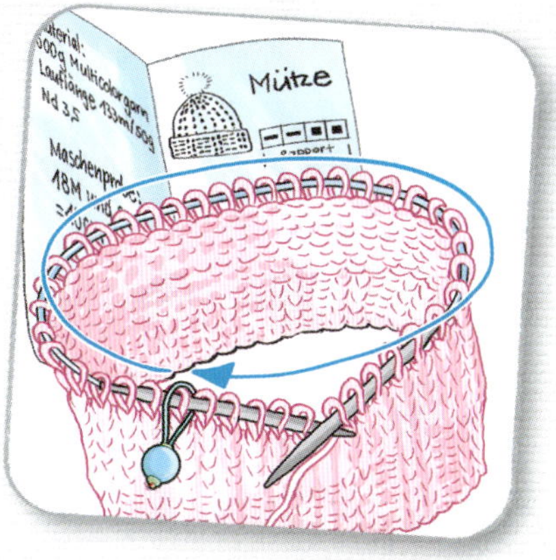

Laut Anleitung in Runden stricken.

Mit dem Nadelspiel

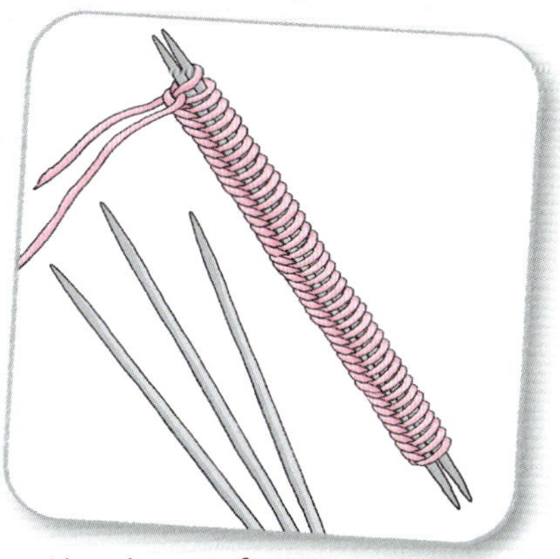

Maschen auf 2 Spielnadeln anschlagen.

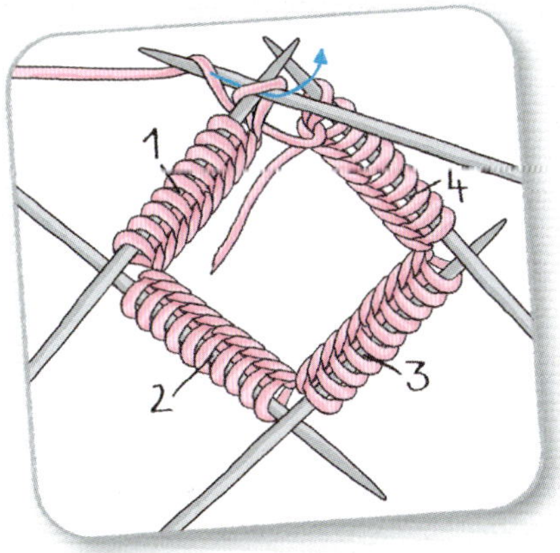

Maschen gleichmäßig auf vier Spielnadeln verteilen und zur Runde schließen.

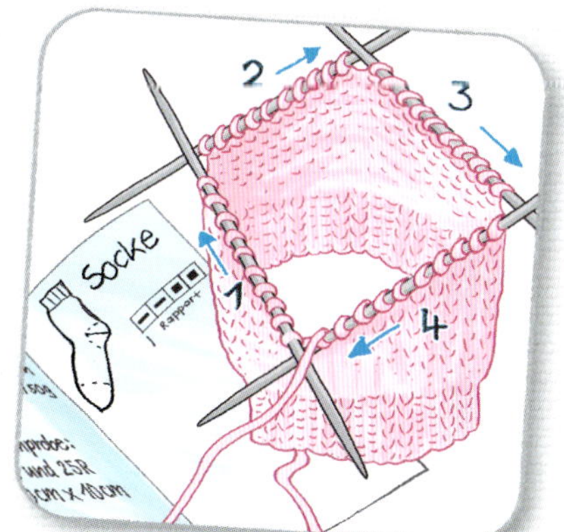

Die Maschen der Spielnadeln der Reihe nach mit der 5. Nadel laut Anleitung abstricken.

Randmaschen

Doppelter Perlrand

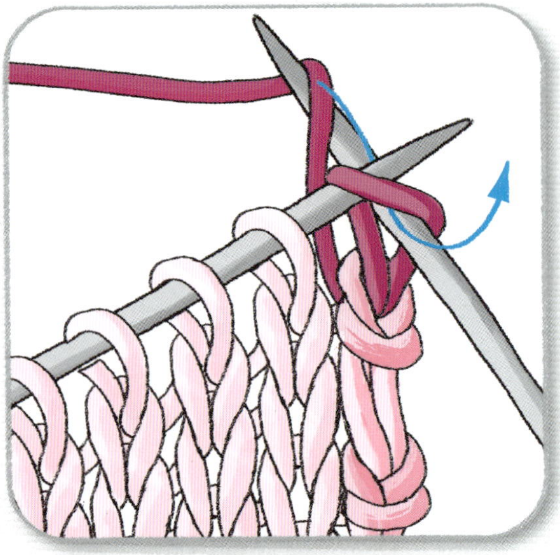

Die 1. Masche jeder Reihe rechts stricken.

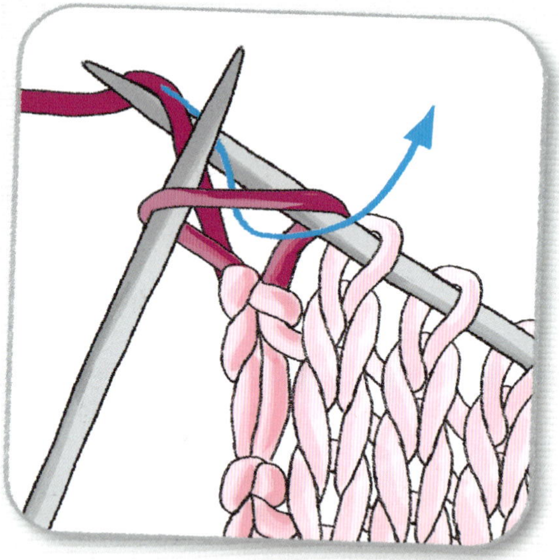

Die letzte Masche jeder Reihe rechts stricken.

Doppelter Perlrand = kleine Perlen an den Rändern.

KETTRAND

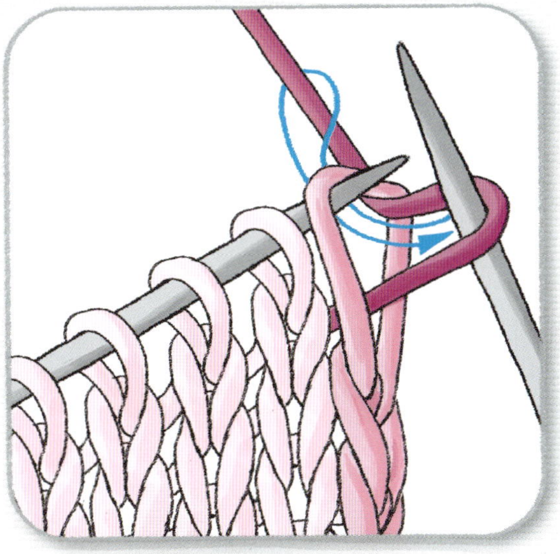

Die 1. Masche rechts verschränkt stricken.

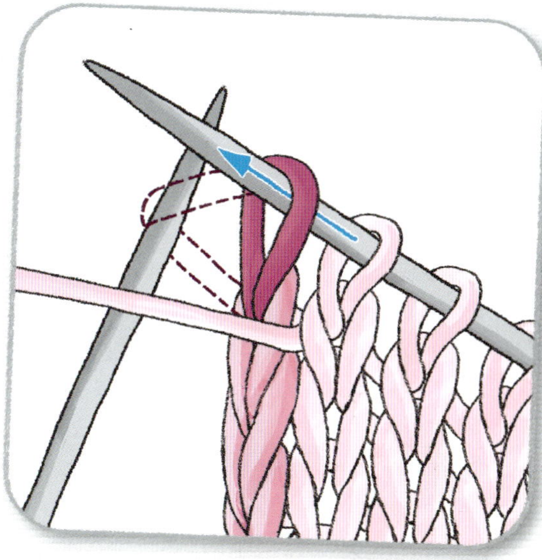

Die letzte Masche jeder Reihe links abheben. Der Faden ist vor der Masche.

Kettrand = Wulstiger Rand mit Einkerbungen.

Arbeit fertigstellen

Faden vernähen in der Reihe

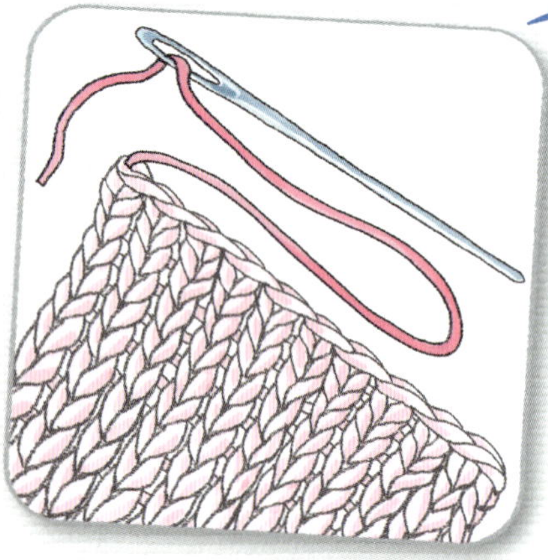

Endfaden auf eine Wollnadel auffädeln.

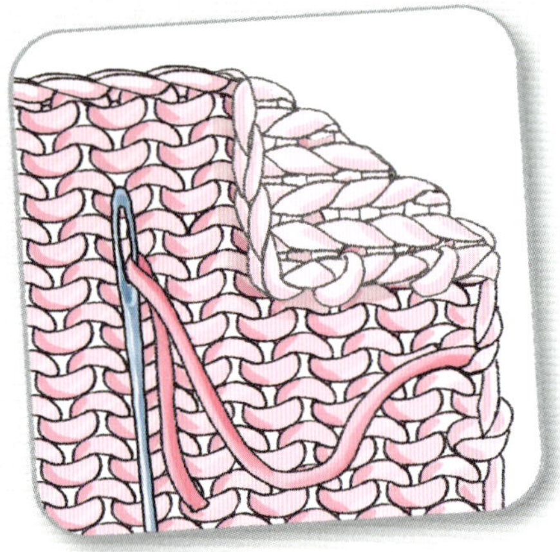

Fäden werden auf der Rückseite vernäht.

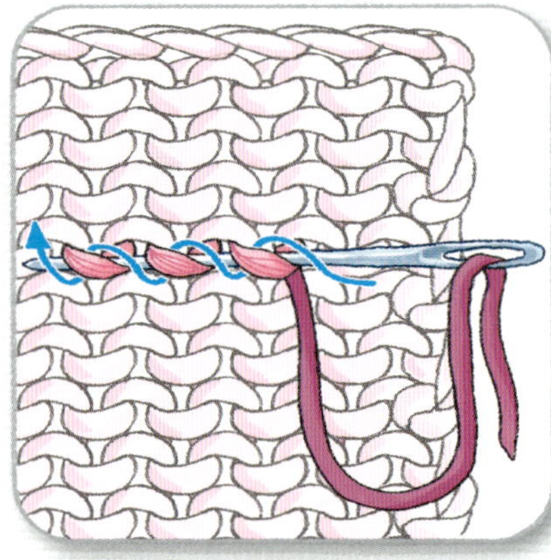

Faden in Reihen durch das Garn einzelner Maschen ziehen.

Faden vernähenim Rand

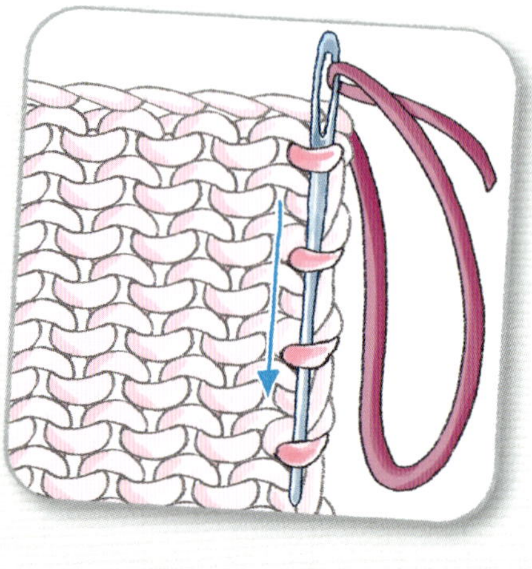

Faden in jede 2. Masche einstechen.

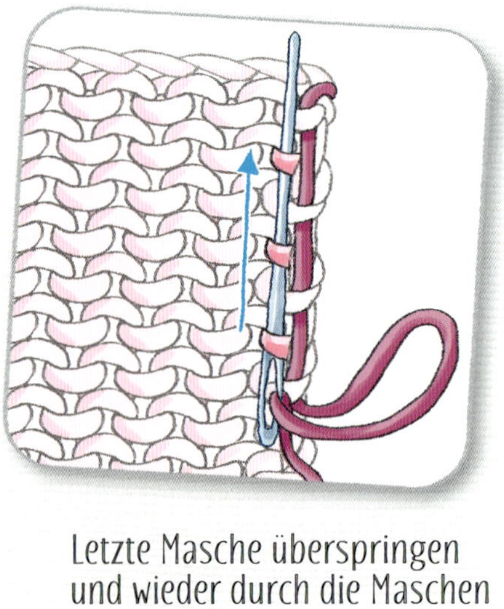

Letzte Masche überspringen und wieder durch die Maschen zurücknähen.

Einzelteile spannen

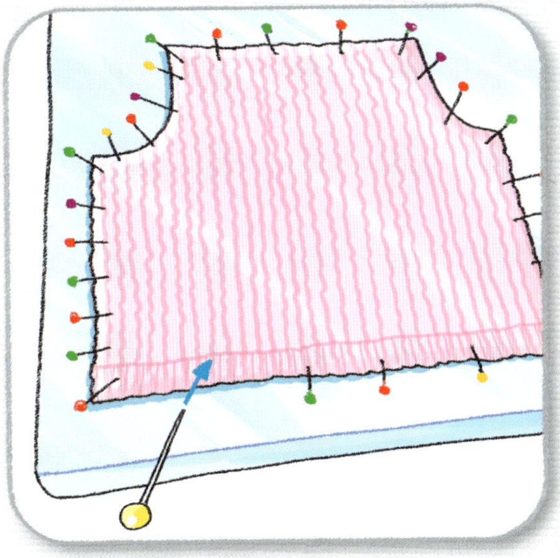

Die Einzelteile auf einer Unterlage spannen.

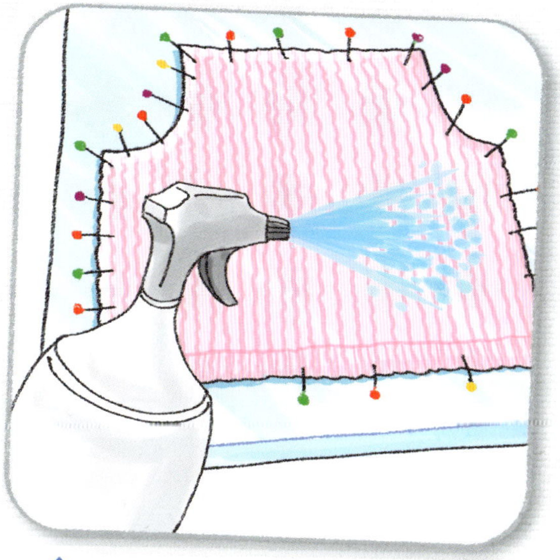

Gespannte Einzelteile leicht anfeuchten.

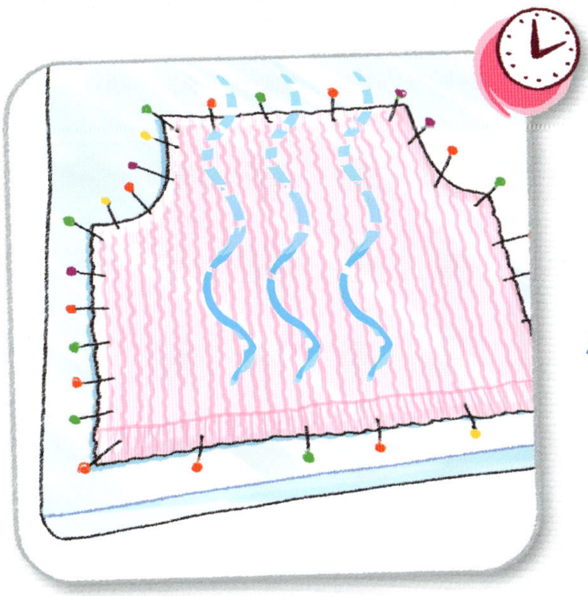

Einzelteile trocknen lassen.

Matratzenstich

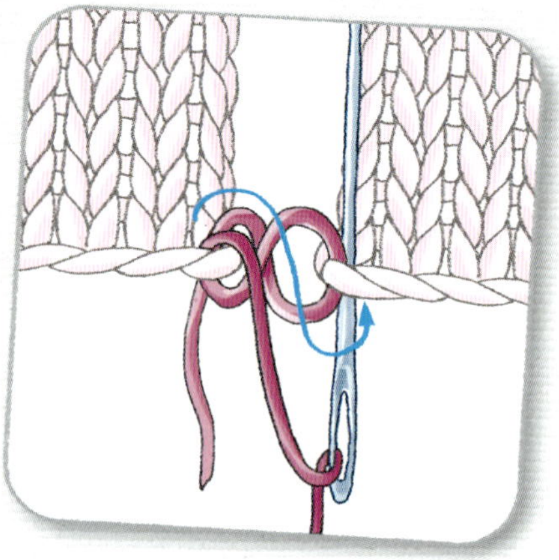

Schritt 1:
Vorderseite nach oben, 2 Strickstücke aneinander legen, Randmaschen mit einem Faden verbinden.

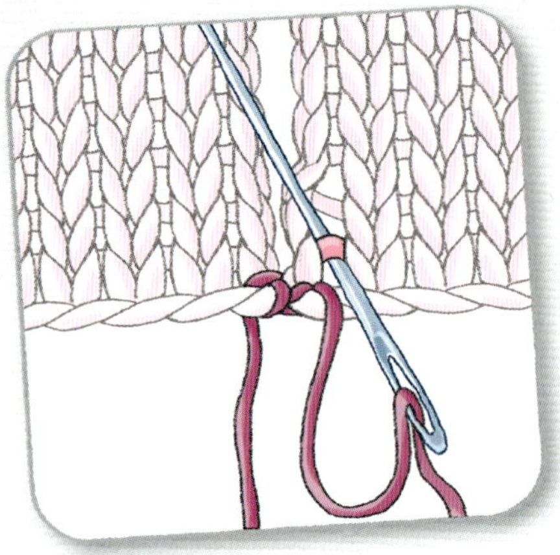

Schritt 2:
Den 1. Querfaden am rechten Strickstück zwischen Randmasche und 1. Masche auffassen.

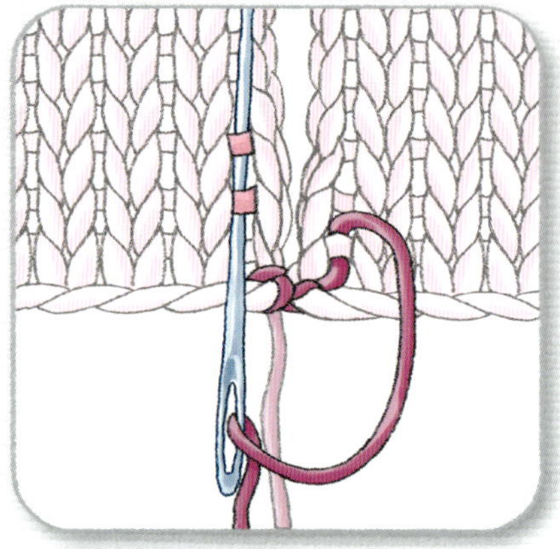

Schritt 3:
2 Querfäden am linken Strickstück erfassen und die Nadel durchziehen.

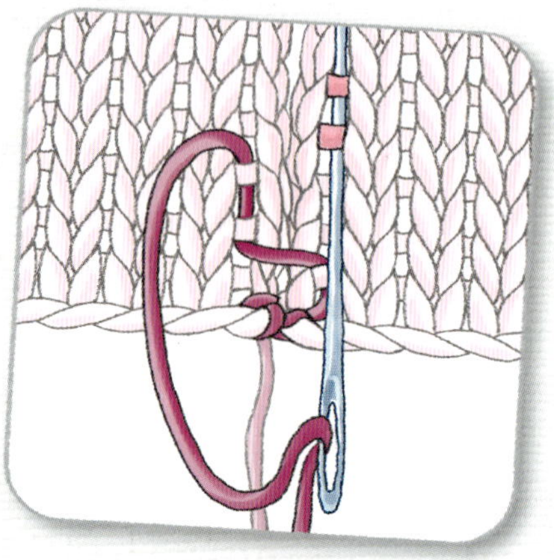

Schritt 4:
Am rechten Strickstück 2 Querfäden erfassen und die Nadel durchziehen.

Schritt 3-4 wiederholen. Faden anziehen = Naht geschlossen.

Maschenstich

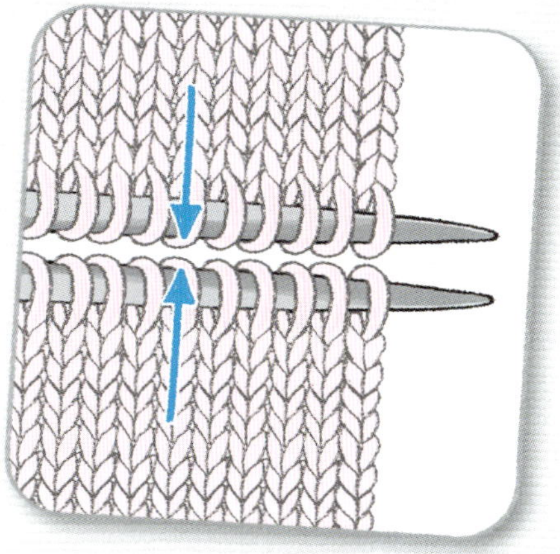

Schritt 1:
2 Teile auf Stricknadeln gegenüberlegen.

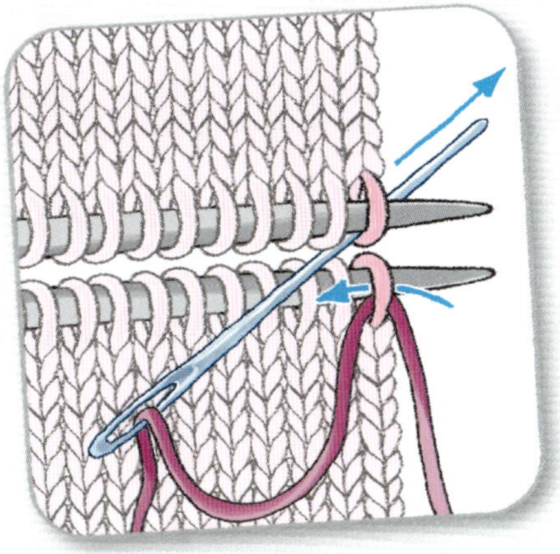

Schritt 2:
Durch die Randmasche des unteren Teils von rechts nach links stechen, wie zum Rechtsstricken in die Randmasche der oberen Nadel einstechen.

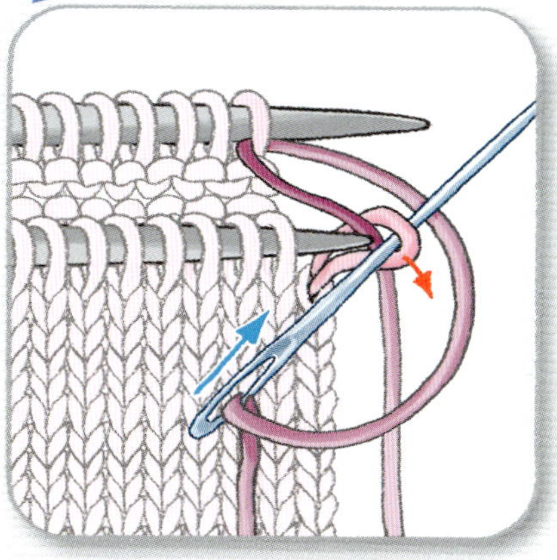

Schritt 3:
Beide Strickstücke in die Hand nehmen, noch einmal in die 1. vordere Masche wie zum Rechtsstricken einstechen, dabei die Masche von der Nadel heben und den Faden durchziehen.

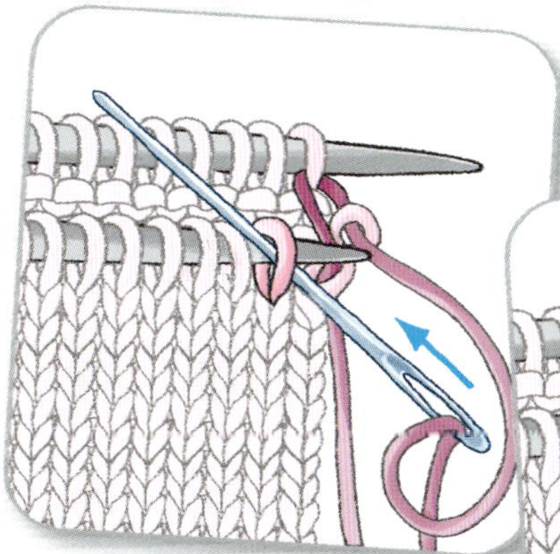

Schritt 4:
In die 2. vordere Masche wie zum Linksstricken einstechen, den Faden durchziehen.

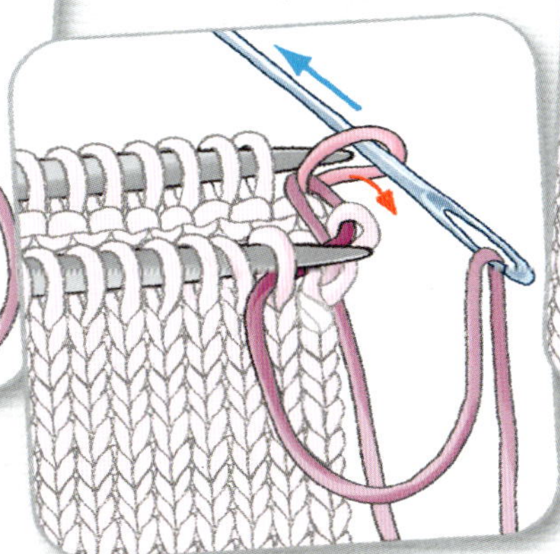

Schritt 5:
In die 1. hintere Masche wie zum Linksstricken einstechen, die Masche von der Nadel heben und den Faden durchziehen.

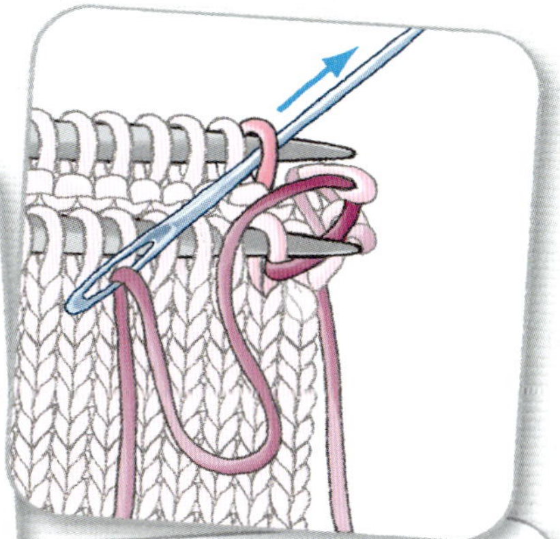

Schritt 6
In die 2. hintere Masche wie zum Rechtsstricken einstechen und den Faden durchziehen.

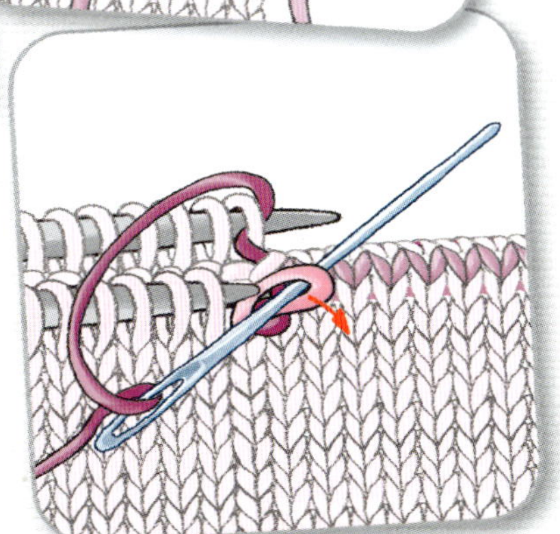

Schritt 2-6 wiederholen.

Neue Maschen *aufnehmen*

Aus dem Abkettrand

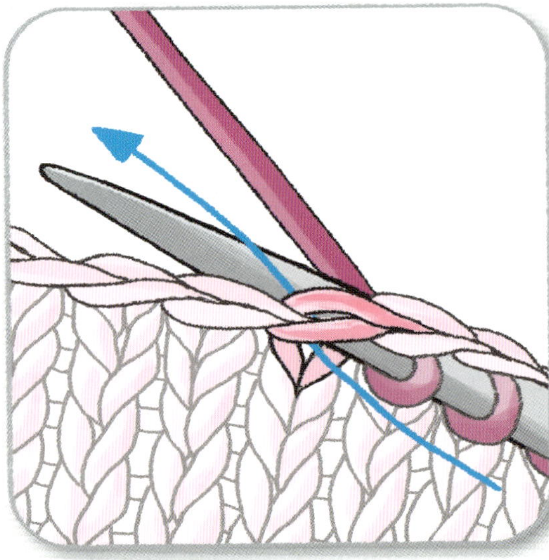

Schritt 1:
Mit Arbeitsnadel von vorne durch die Masche stechen.

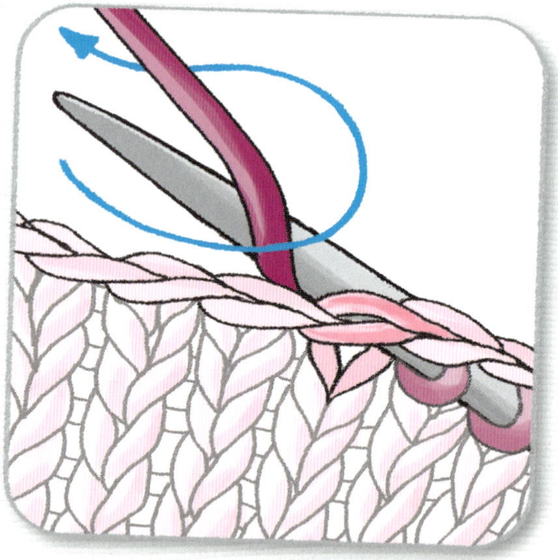

Schritt 2:
Faden auf die Nadel nehmen.

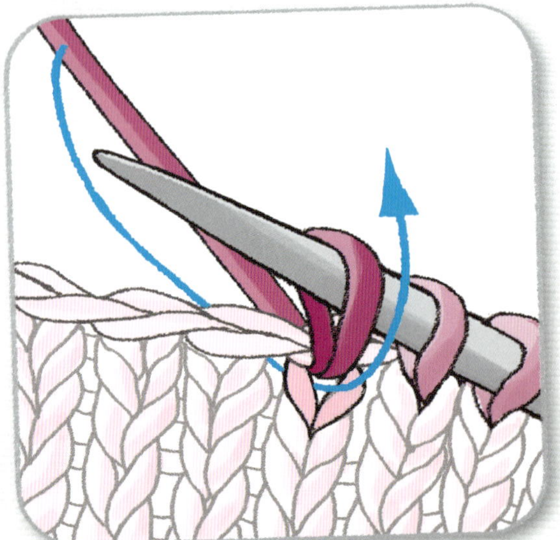

Schritt 3:
Faden durchholen.
Schritt 1-3 wiederholen.

Aus der Seitenkante

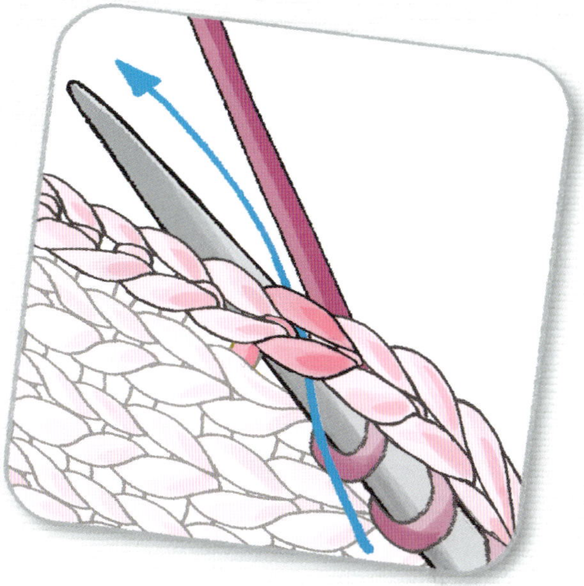

Schritt 1:
Mit Arbeitsnadel von vorne durch die Masche stechen.

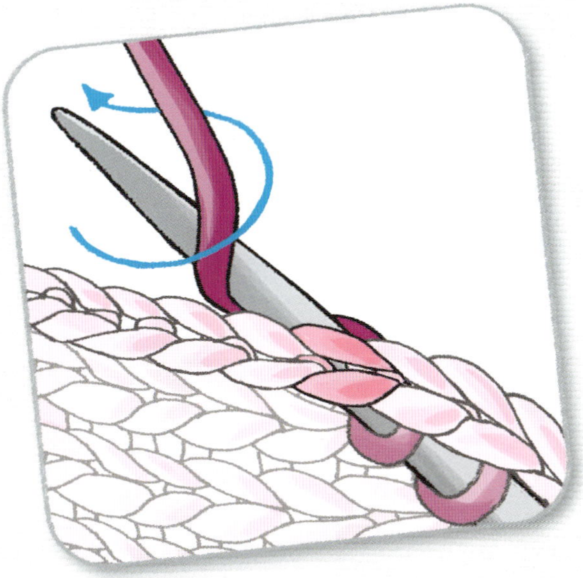

Schritt 2:
Faden auf die Nadel nehmen.

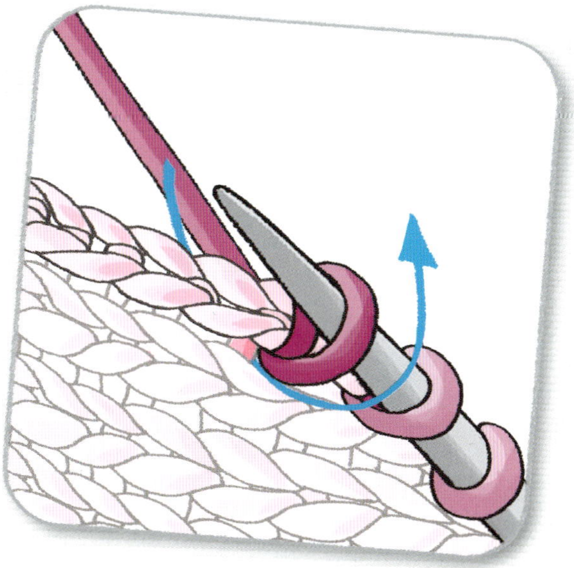

Schritt 3:
Faden durchholen.
Schritt 1-3 wiederholen.

VERKÜRZTE REIHE & Wendemaschen

Wird zur Formgebung genutzt.

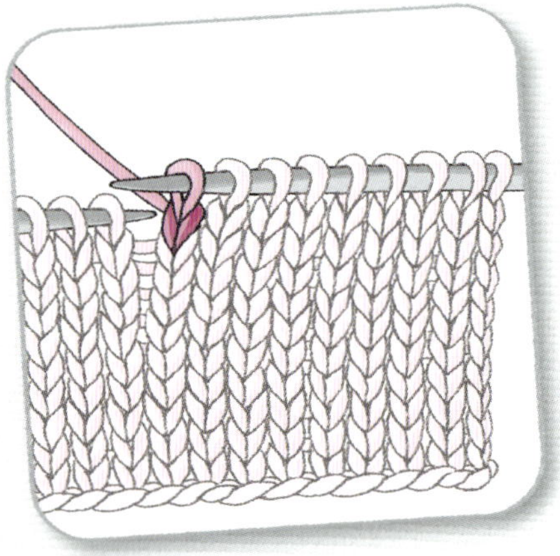

SCHRITT 1:
Maschen bis zu einer bestimmten Masche stricken.

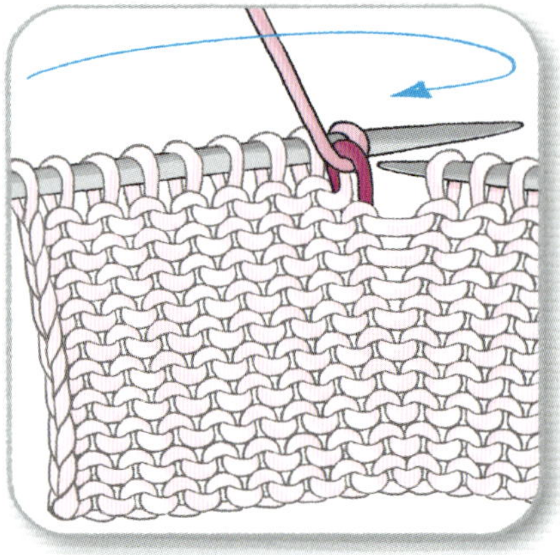

SCHRITT 2:
Nadel wenden.

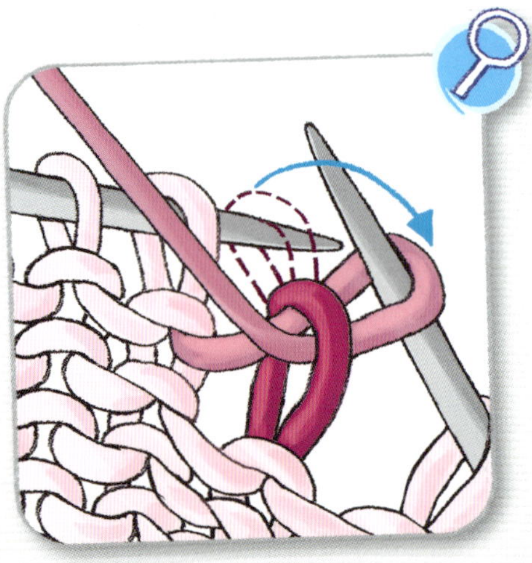

SCHRITT 3:
Masche wie zum Linksstricken abheben.

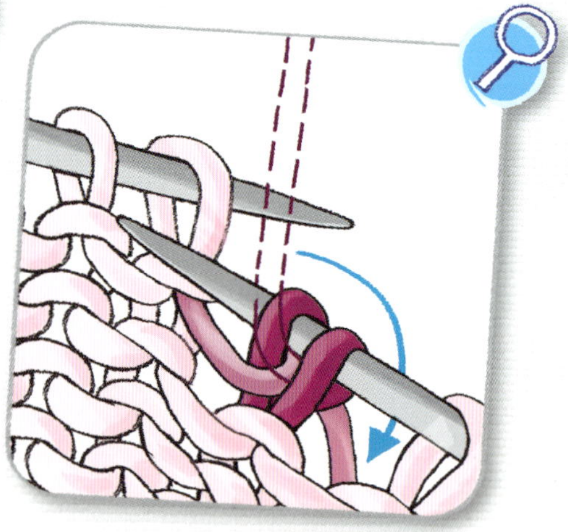

SCHRITT 4:
Faden nach hinten ziehen, bis 2 Maschenschenkel zu sehen sind = Wendemasche. Wie gewohnt weiterstricken.

SCHRITT 5:

Arbeit wenden und in der Hinreihe bis zur Wendemasche stricken.

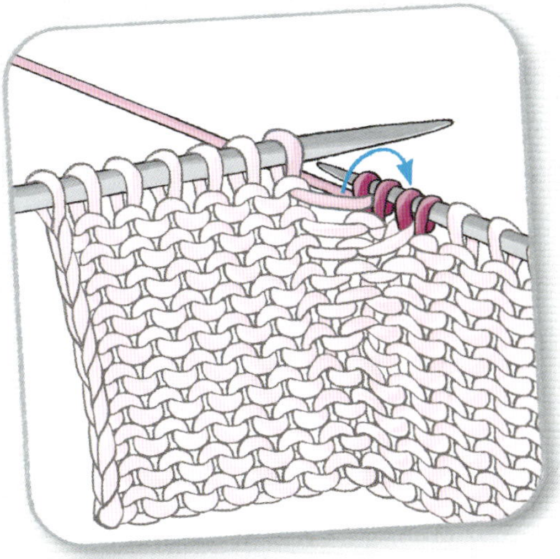

SCHRITT 6:

Arbeit wenden, Masche abheben und Faden nach hinten ziehen.

Reihe mit Wendemaschen.

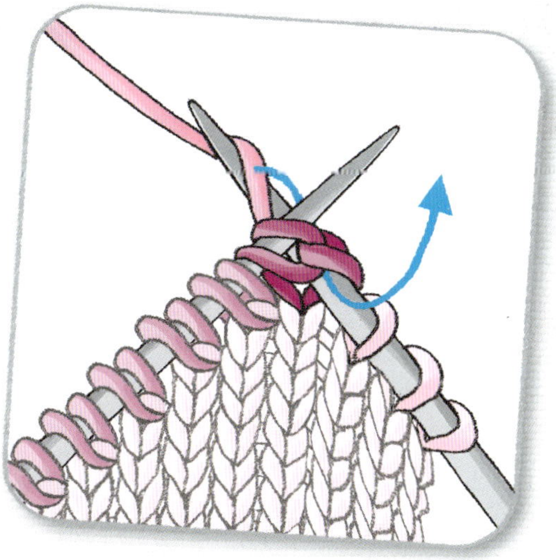

2 Maschenschenkel von 1 Wendemasche werden als 1 Masche gestrickt.

Verschränkte Maschen

Rechts verschränkt

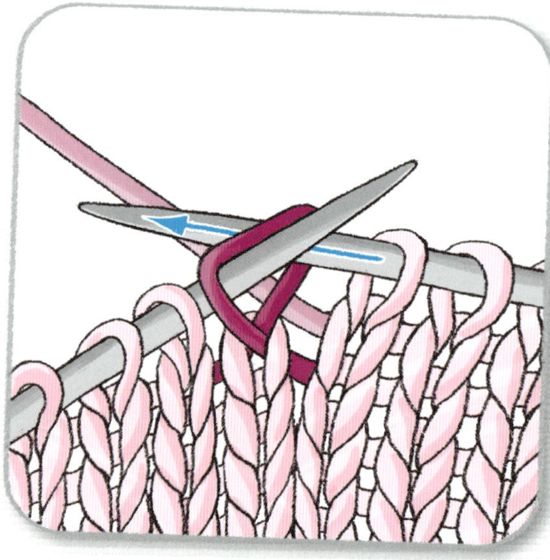

Schritt 1:
Mit Arbeitsnadel hinter der Maschennadel von rechts nach links in die Masche einstechen.

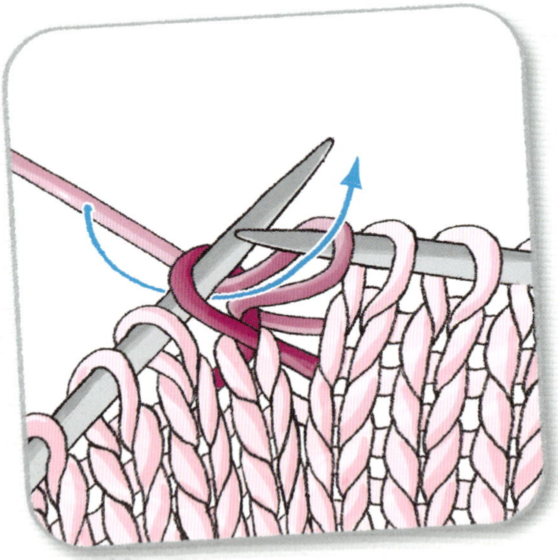

Schritt 2:
Faden holen.

Schritt 3:
Von der Maschen- auf die Arbeitsnadel gleiten lassen. Fertige rechts verschränkte Masche.

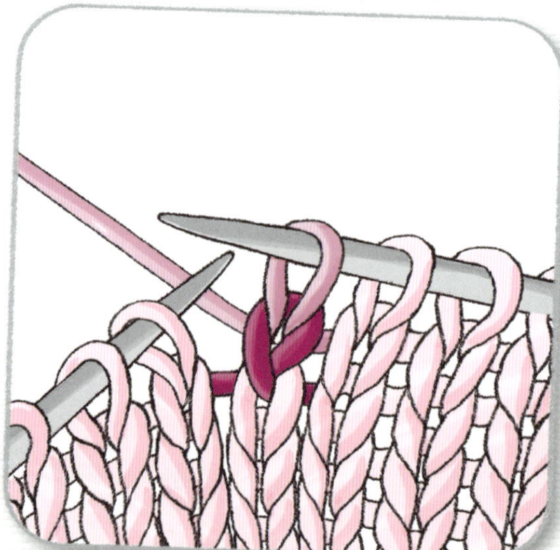

Links verschränkt

Schritt 1:

Mit der Arbeitsnadel die Masche von links hinten nach rechts vorne einstechen.

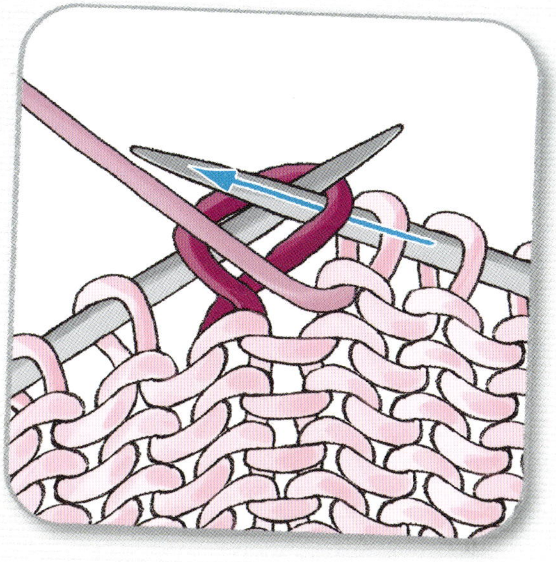

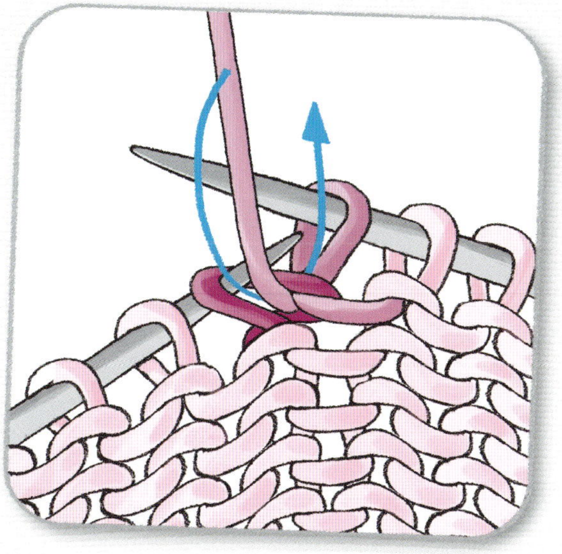

Schritt 2:

Faden holen.

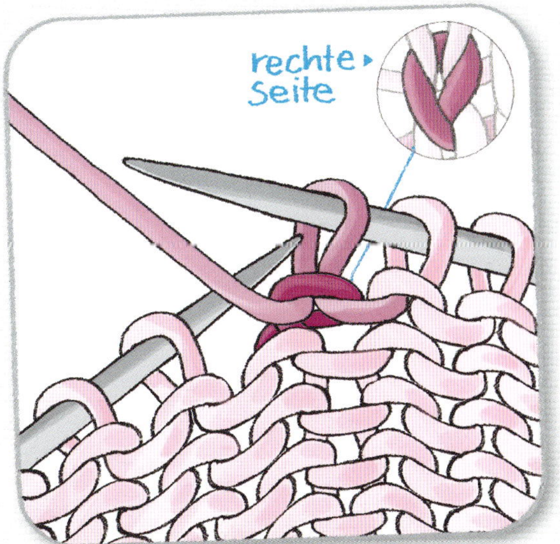

Schritt 3:

Von der Maschen- auf die Arbeitsnadel gleiten lassen. Fertig verschränkte linke Masche.

Hebemaschen

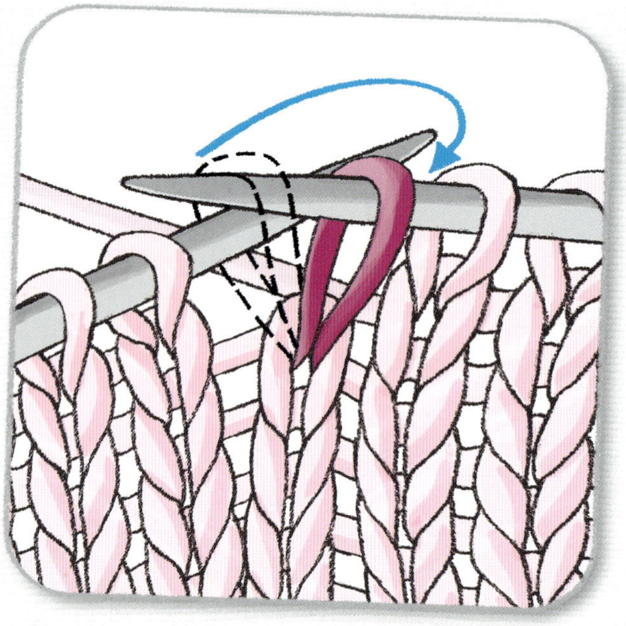

Möglichkeit 1:
Masche wie zum Linksstricken von rechts nach links einstechen und auf die Arbeitsnadel heben.

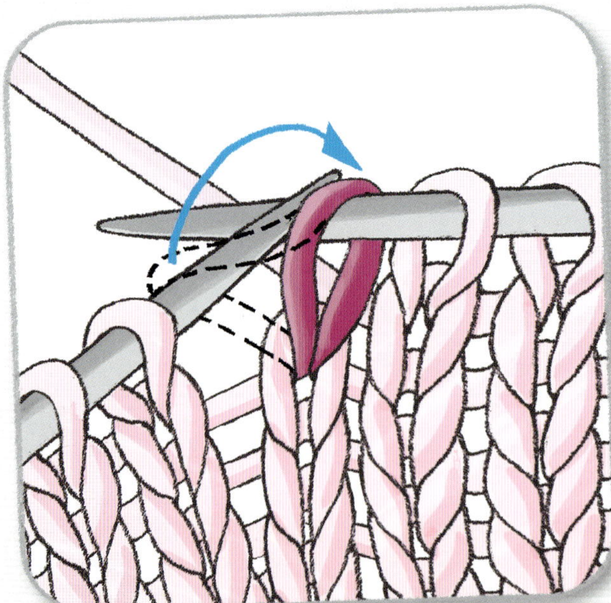

Möglichkeit 2:
Masche wie zum Rechtsstricken von links nach rechts einstechen und auf die Arbeitsnadel heben.

PATENTMUSTER

Hebemaschenmuster = Vollpatent

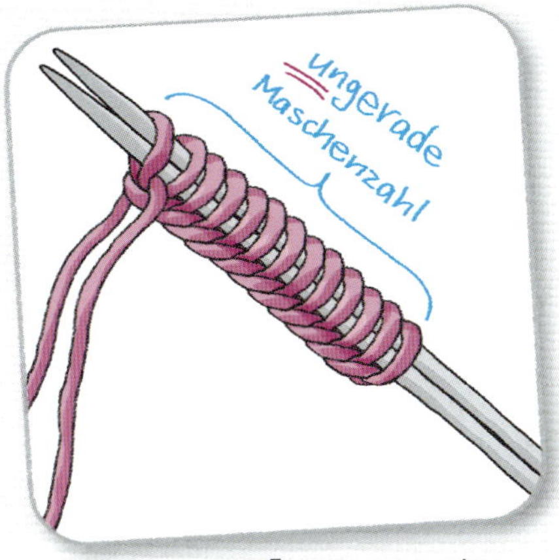

Eine ungerade Maschenzahl anschlagen.

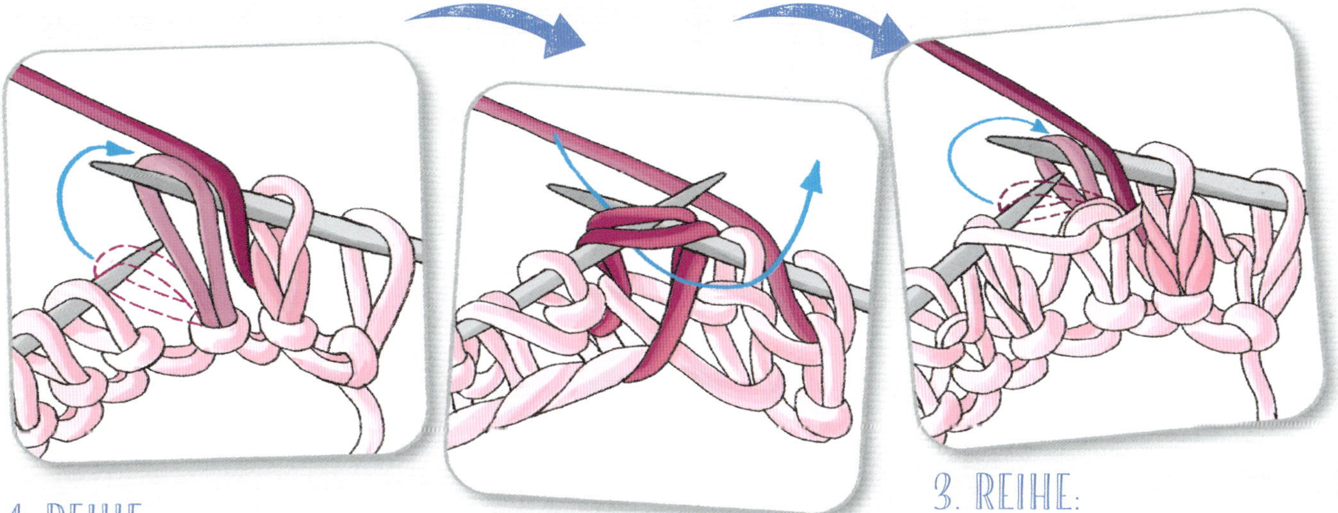

1. REIHE:

1 Randmasche,
* 1 Masche rechts,
1 Masche mit 1 Umschlag abheben,
ab * fortlaufend wiederholen,
enden mit 1 Masche rechts,
1 Randmasche.

2. REIHE:

1 Randmasche,
* 1 Masche mit 1 Umschlag abheben,
die folgende Masche mit dem Umschlag rechts zusammenstricken,
ab * fortlaufend wiederholen,
enden mit 1 Masche mit 1 Umschlag abheben,
1 Randmasche.

3. REIHE:

1 Randmasche,
* 1 Masche mit dem Umschlag rechts zusammenstricken,
1 Masche mit 1 Umschlag abheben,
ab * fortlaufend wiederholen,
enden mit 1 Masche mit 1 Umschlag rechts zusammenstricken,
1 Randmasche.

Die Reihen 2+3 fortlaufend wiederholen.

KNOPFLÖCHER *stricken*

KLEINES KNOPFLOCH

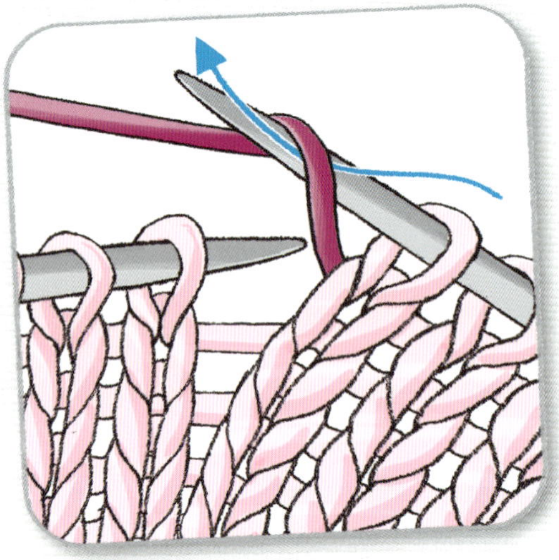

SCHRITT 1:
Bis zur richtigen Stelle stricken, 1 Umschlag …

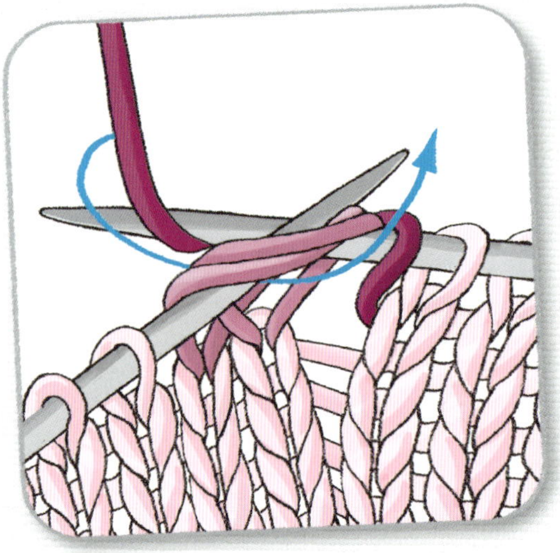

SCHRITT 2:
… 2 Maschen rechts zusammenstricken, laut Anleitung fortfahren.

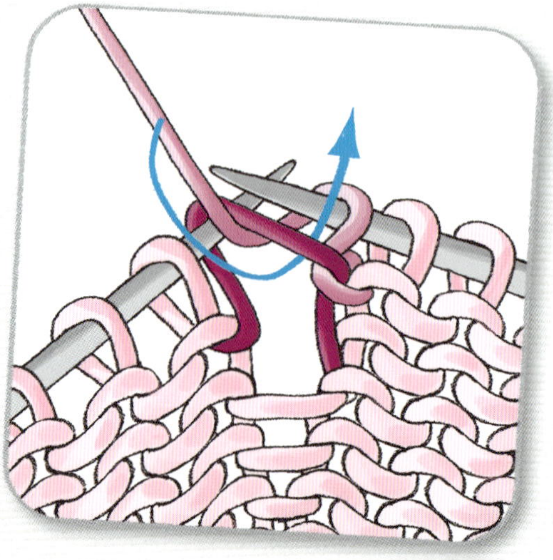

SCHRITT 3:
Den Umschlag in der nächsten Reihe mustergemäß abstricken.

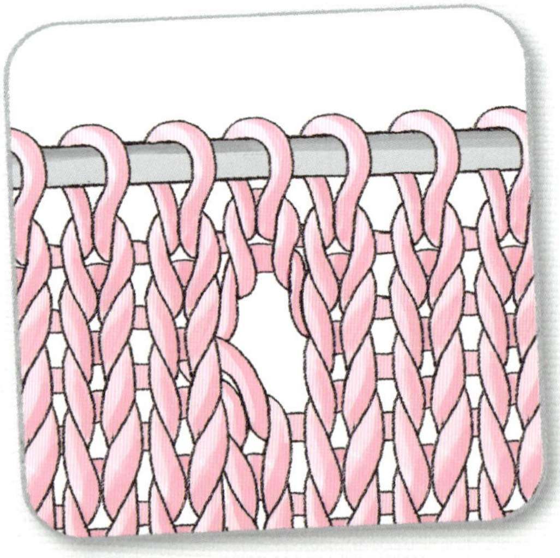

Fertiges Knopfloch.

Großes Knopfloch

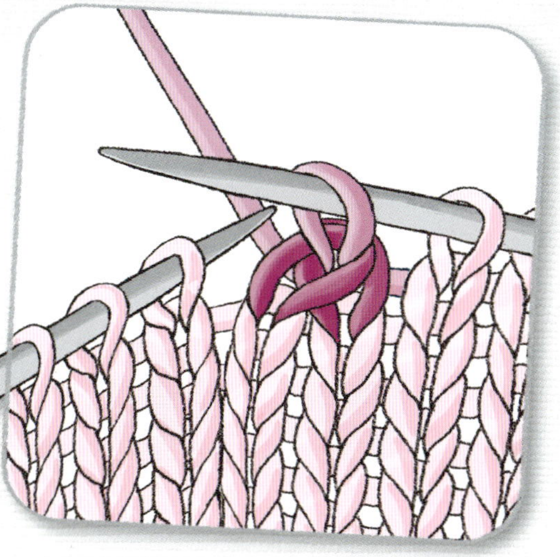

Schritt 1:
Bis zur richtigen Stelle stricken, 2 Maschen rechts zusammenstricken, ...

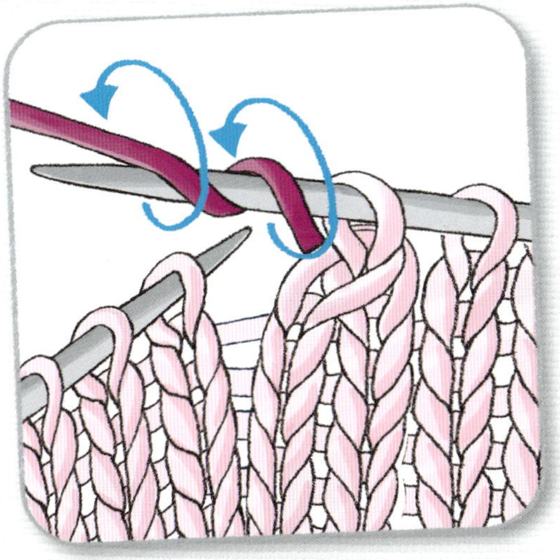

Schritt 2:
... 2 Umschläge auf die Nadel, ...

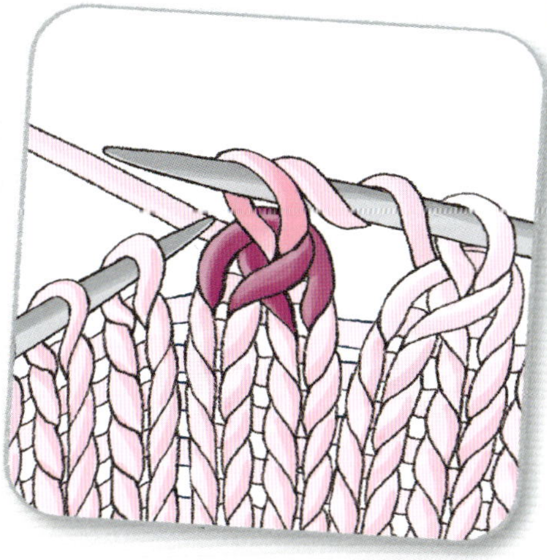

Schritt 3:
... 2 Maschen rechts zusammenstricken.

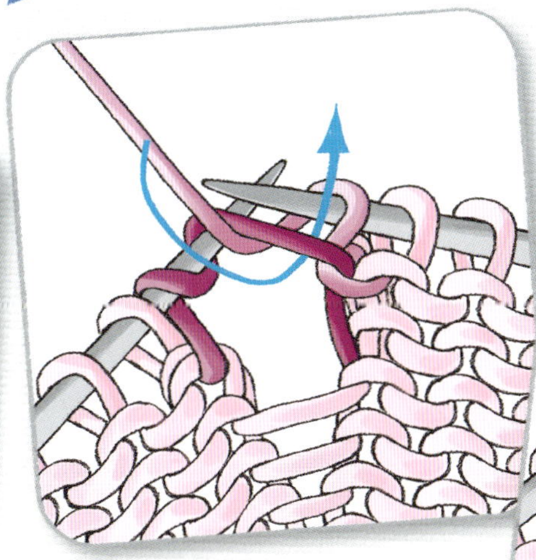

Schritt 4:
In der Rückreihe den 1. Umschlag mustergemäß abstricken.

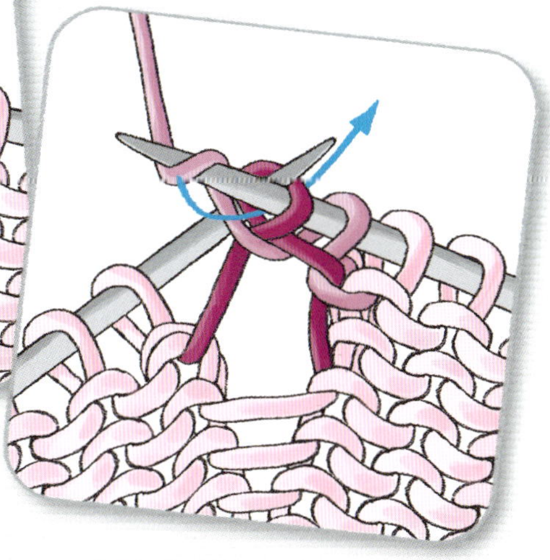

Schritt 5:
Den 2. Umschlag mustergemäß verschränkt abstricken.

ZOPFMUSTER *stricken*

RECHTSGEDREHTER ZOPF

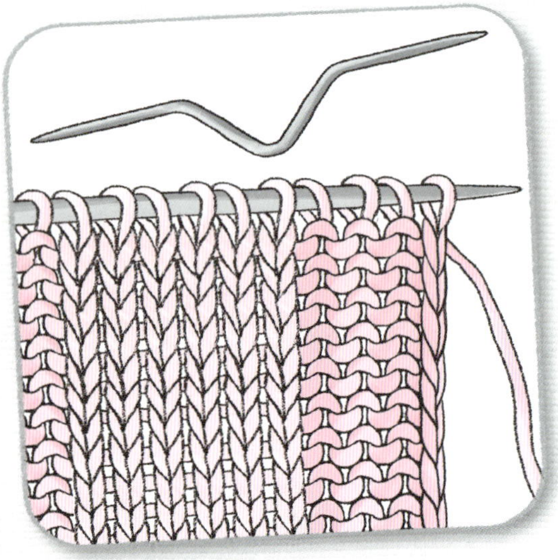

MAN BRAUCHT:
Strickstück + Zopfnadel.

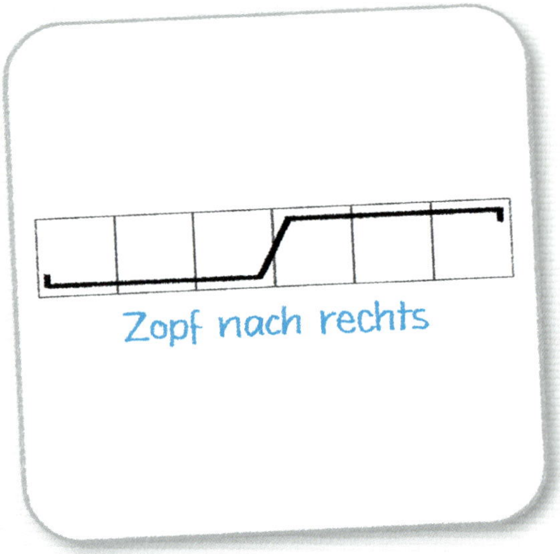

- Die Balken geben die Verzopfungsrichtung an.
- Balken unten = die Zopfnadel wird nach vorne gelegt.
- Balken oben = die Zopfnadel wird nach hinten gelegt.

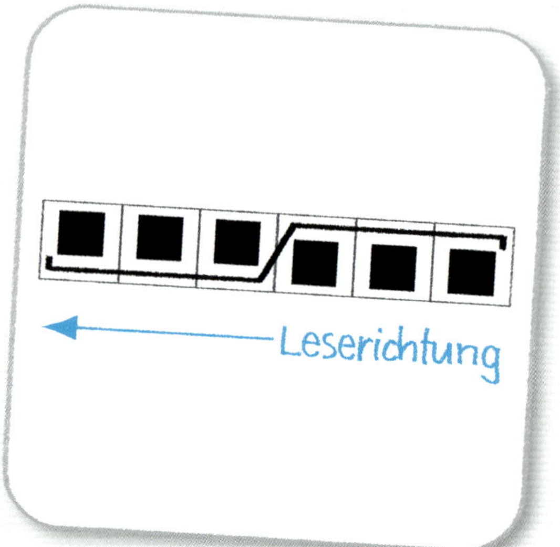

Strickschrift für einen rechtsgedrehten Zopf wird in Strickrichtung von rechts nach links gelesen. Hier sind rechte Maschen gezeigt.

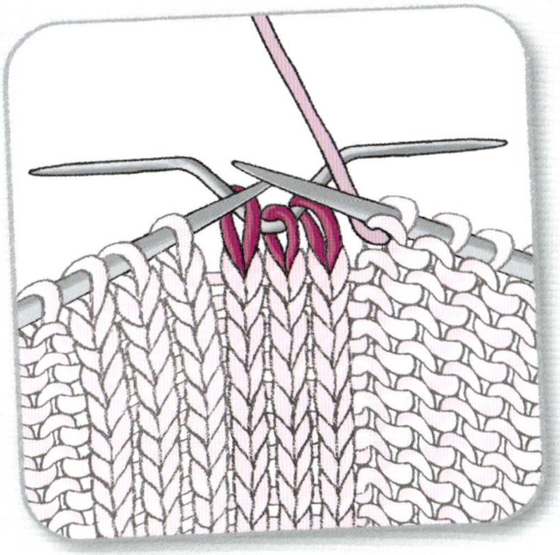

SCHRITT 1:

Laut Strickschrift die ersten 3 rechten Maschen von linker Maschennadel ungestrickt auf eine Zopfnadel heben, die Zopfnadel ist hinter den Maschen.

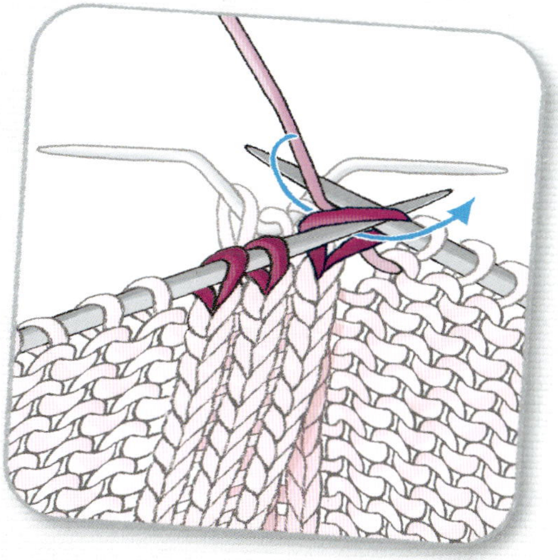

SCHRITT 2:

Die nächsten 3 Maschen rechts stricken.

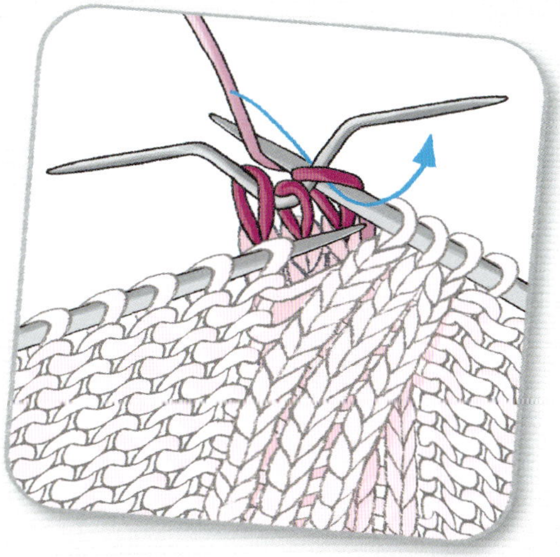

SCHRITT 3:

Nun die nächsten 3 Maschen der Zopfnadel rechts abstricken.

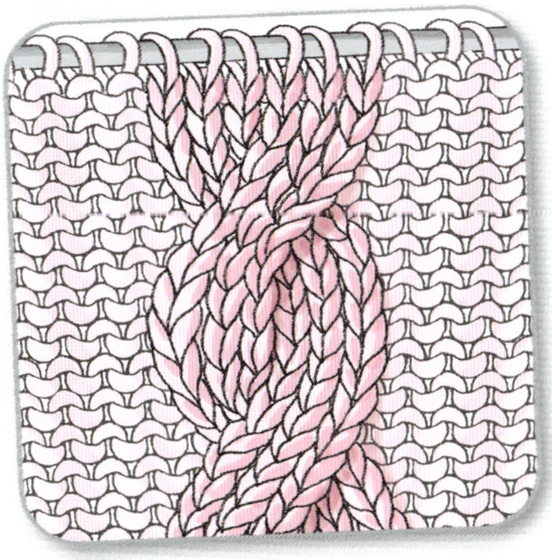

Weiter einige Reihen gemäß Muster stricken, bis erneut verzopft wird. Hier sieht man 2 Verzopfungen.

LINKSGEDREHTER ZOPF

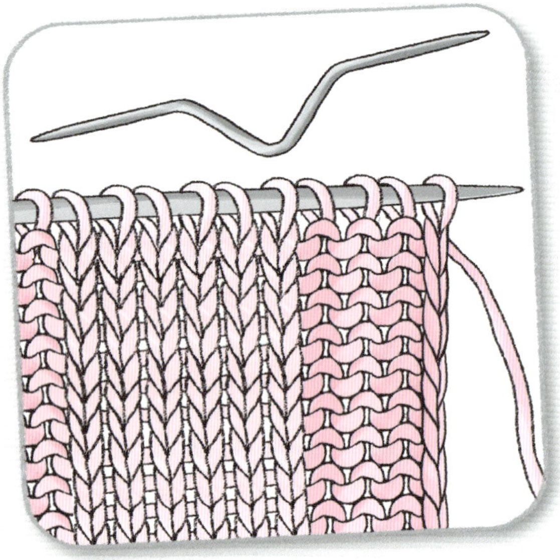

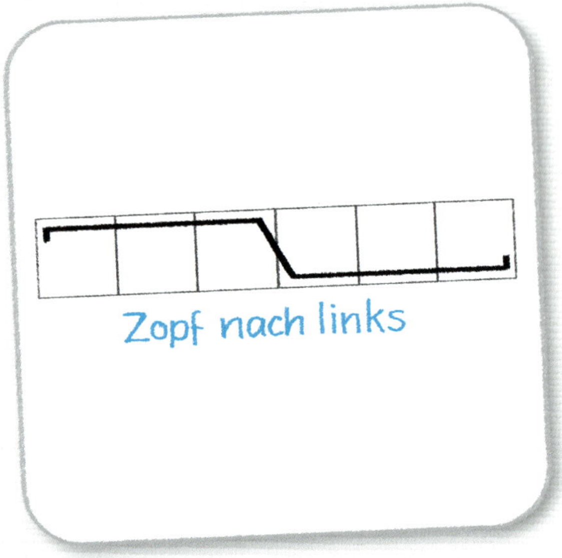

- Die Balken geben die Verzopfungsrichtung an.
- Balken unten = die Zopfnadel wird nach vorne gelegt.
- Balken oben = die Zopfnadel wird nach hinten gelegt.

MAN BRAUCHT:
Strickstück + Zopfnadel.

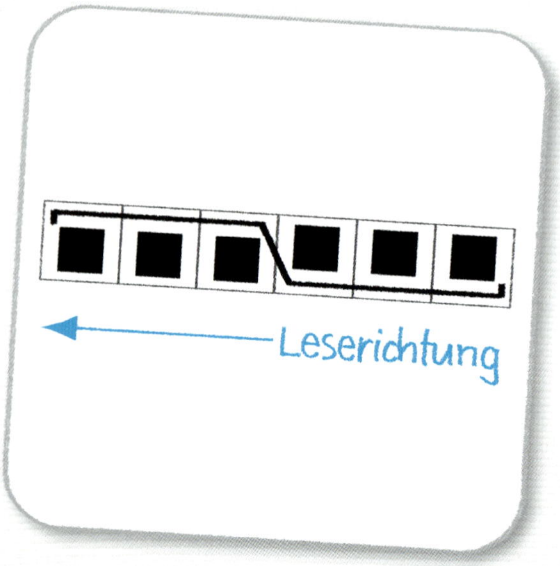

Strickschrift für einen linksgedrehten Zopf.

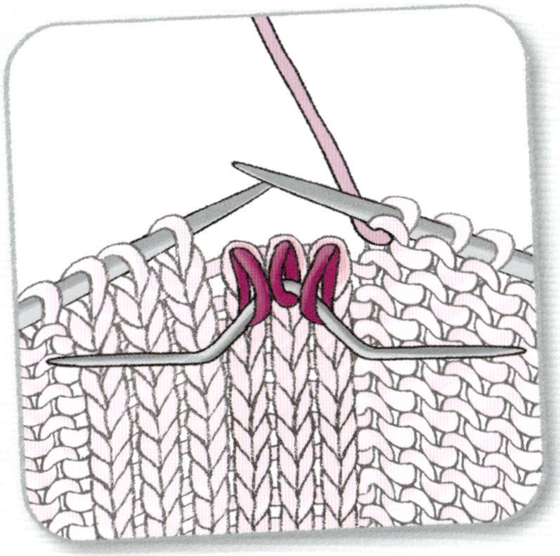

Schritt 1:
Laut Strickschrift die ersten 3 rechten Maschen von der linken Maschennadel ungestrickt auf eine Zopfnadel heben, die Zopfnadel ist vor den Maschen.

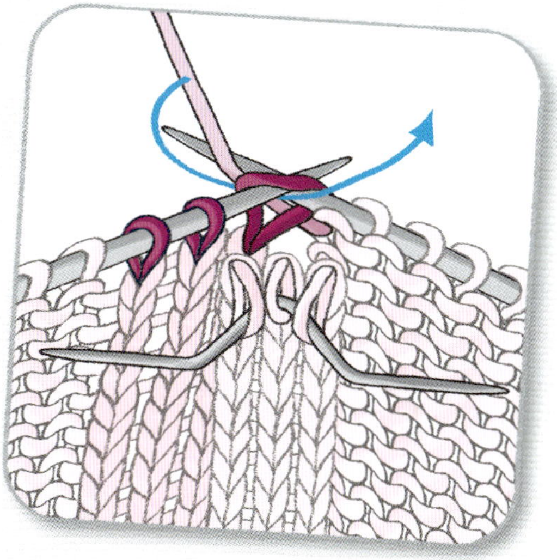

Schritt 2:
Die nächsten 3 Maschen rechts stricken.

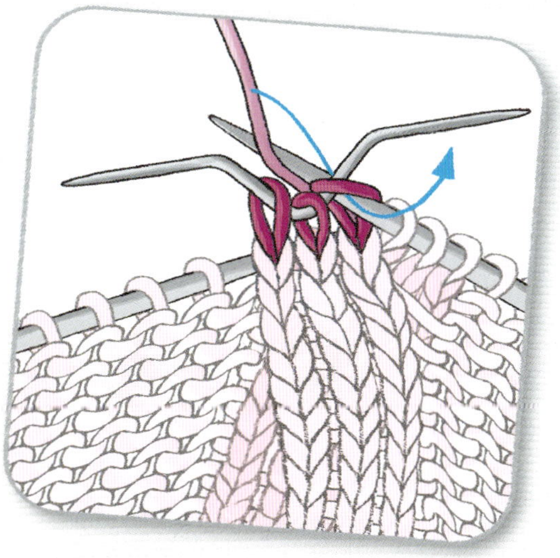

Schritt 3:
Nun die 3 Maschen der Zopfnadel abstricken.

Weiter einige Reihen gemäß Muster stricken, bis erneut verzopft wird. Hier sieht man 2 Verzopfungen.

Mit Farben *stricken*

In Reihen

Mit der Hauptfarbe bis zur gewünschten Höhe stricken.

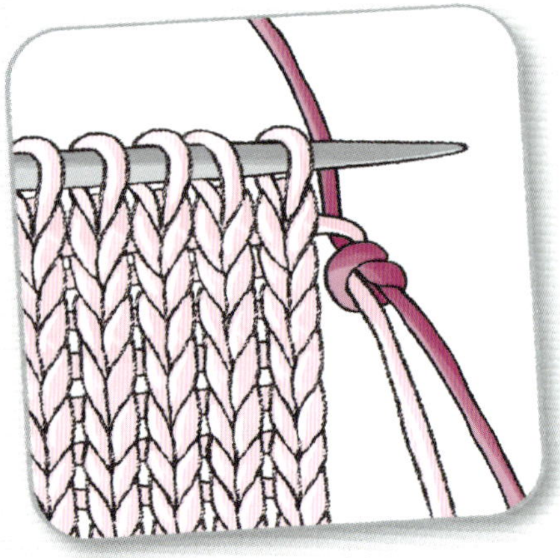

Farbwechsel = Reihenanfang. Neue Farbe locker mit der alten verknoten.
(= Kann beim Fäden vernähen gelöst werden.)

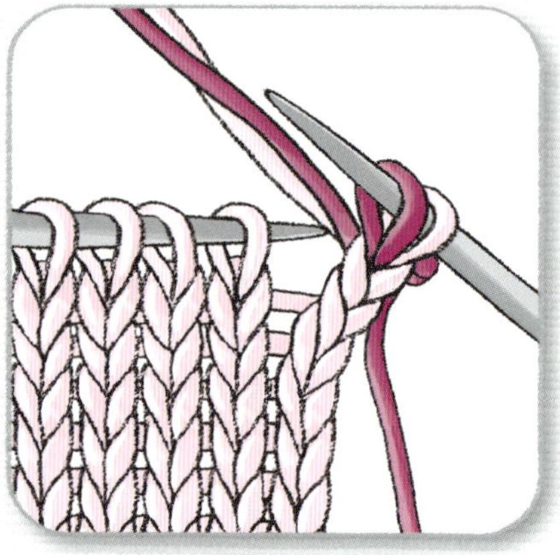

1. Masche mit beiden Farben abstricken, weiter in der neuen Farbe stricken.

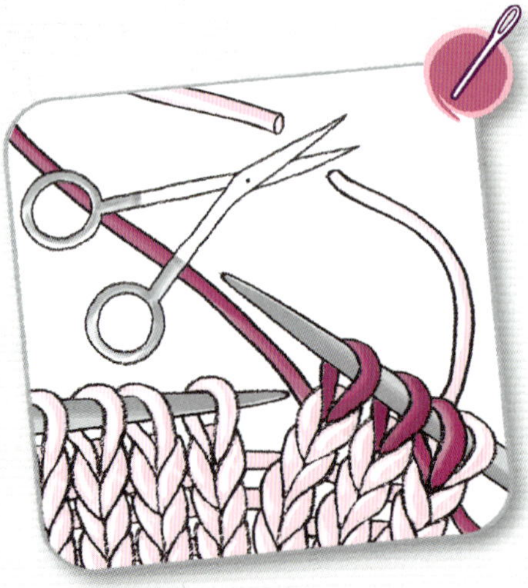

Faden der Hauptfarbe kann entweder abgeschnitten und später vernäht oder...

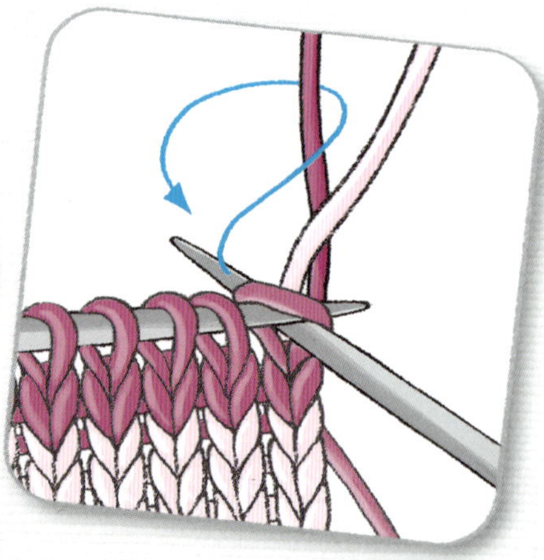

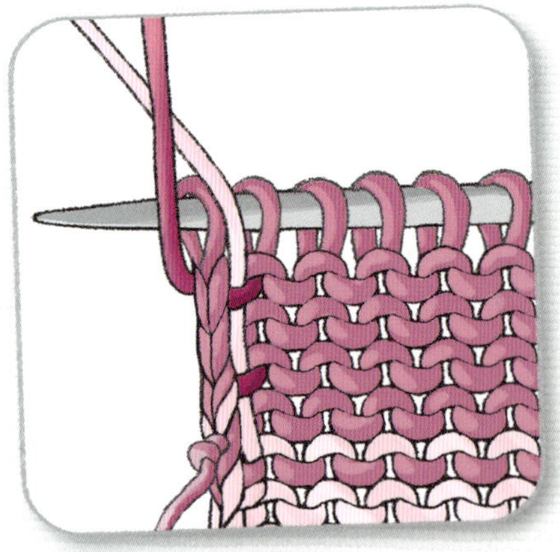

... am Rand mitführen werden, dafür in jeder 2. Reihe mit dem neuen Faden verkreuzen.

In Runden

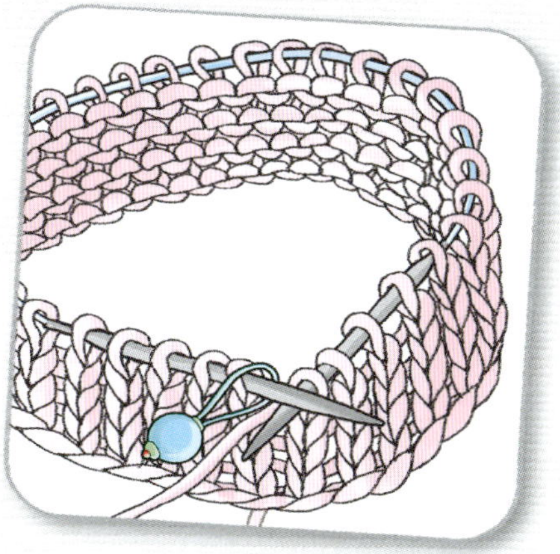

Mit Hauptfarbe bis zur gewünschten Höhe stricken, markieren vom Rundenanfang nicht vergessen.

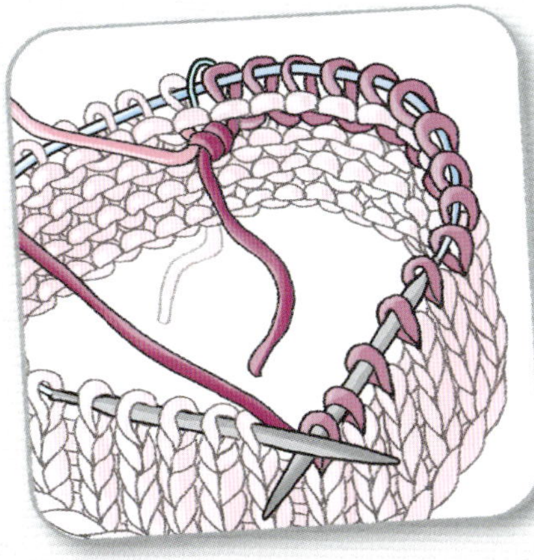

Mit einem losen Knoten die neue Farbe anbringen, in der neuen Farbe weiterstricken.

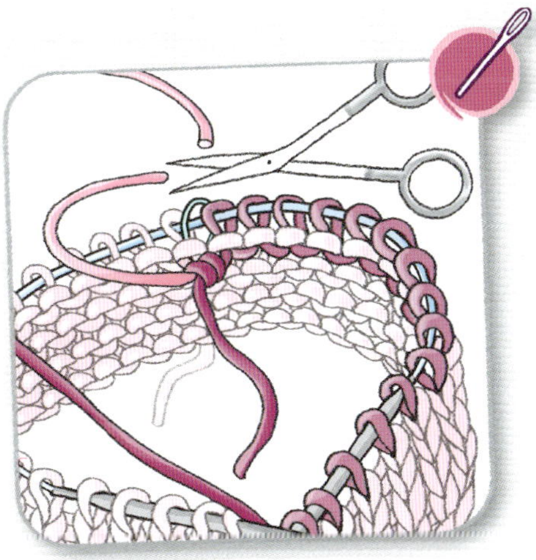

Der Faden kann entweder abgeschnitten und später vernäht oder …

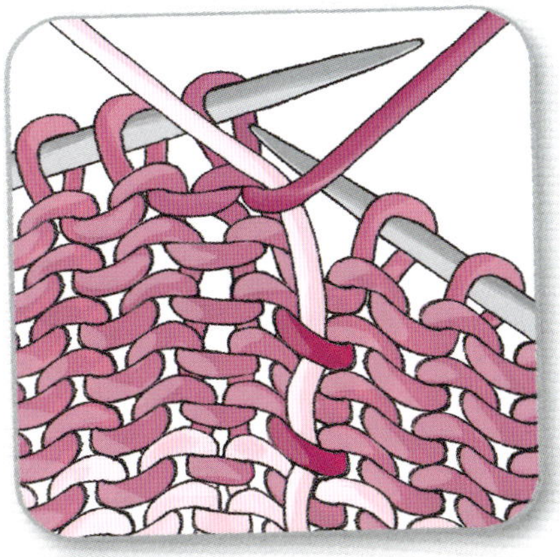

… am Rundenanfang mitgeführt werden, dafür in jeder 2. Reihe mit dem neuen Faden verkreuzen.

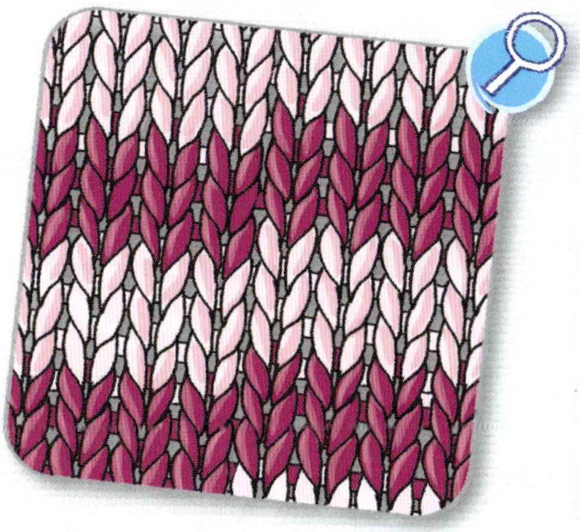

Achtung! Beim einfachen Stricken in Runden entsteht beim Rundenwechsel ein Versatz.

Mehrfarbige Muster (= Jacquard-Muster)

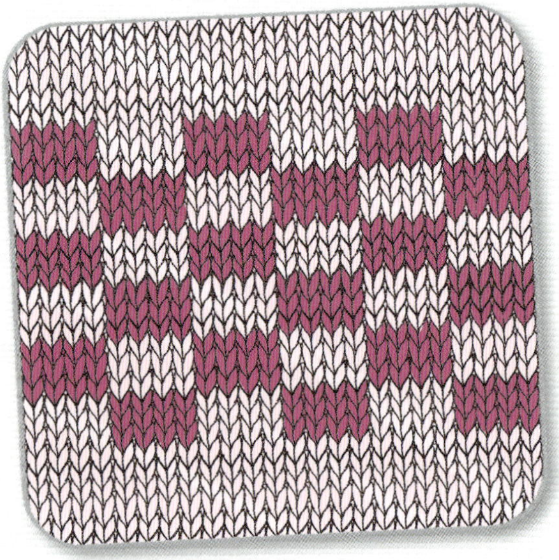

Farbmuster werden häufig glatt rechts gestrickt.

Es wird nach einem Zählmuster gestrickt.
Farbe 1 = Hauptfarbe
Farbe 2 = Musterfarbe

Möglichkeiten der Fadenhaltung

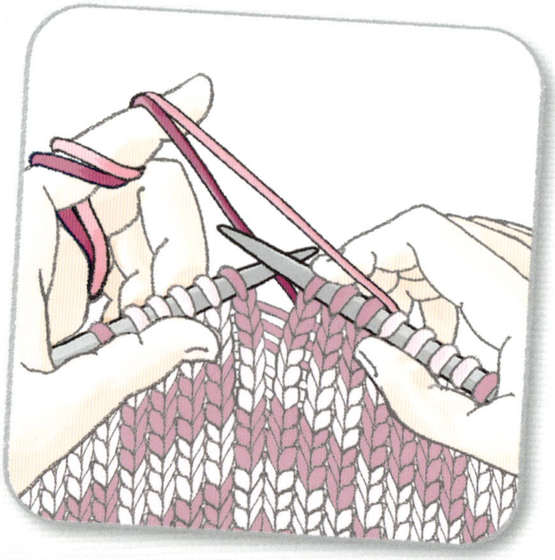

Fadenhaltung 1 =
beide Garne auf 1 Finger.

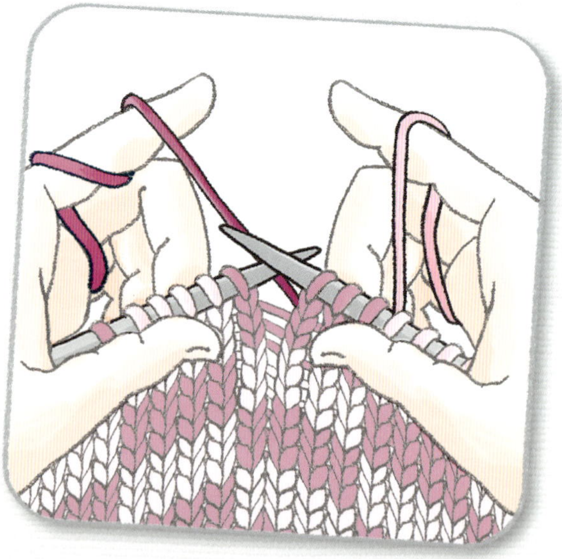

Fadenhaltung 2 =
Garne auf 2 Fingern.

Fadenspannung:

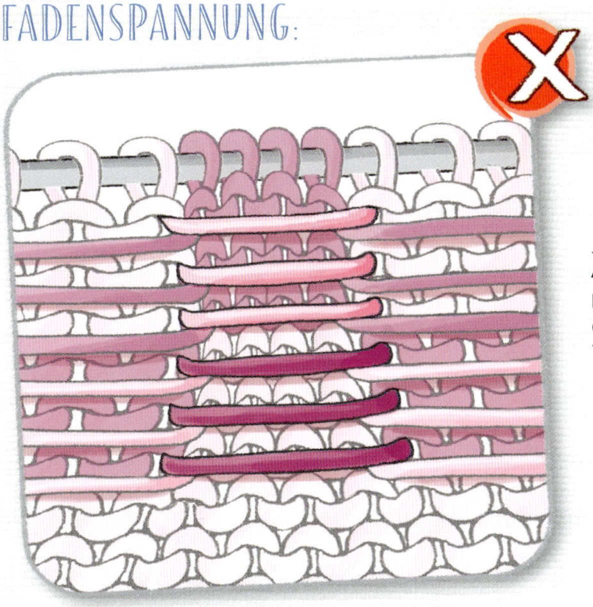

Zu feste Spannfäden = ungleichmäßige Strickfläche.

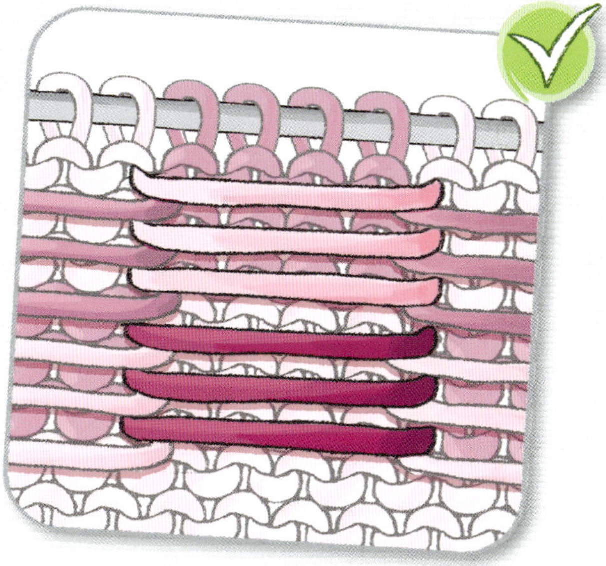

Gleichmäßige Spannfäden = gleichmäßige Strickfläche.

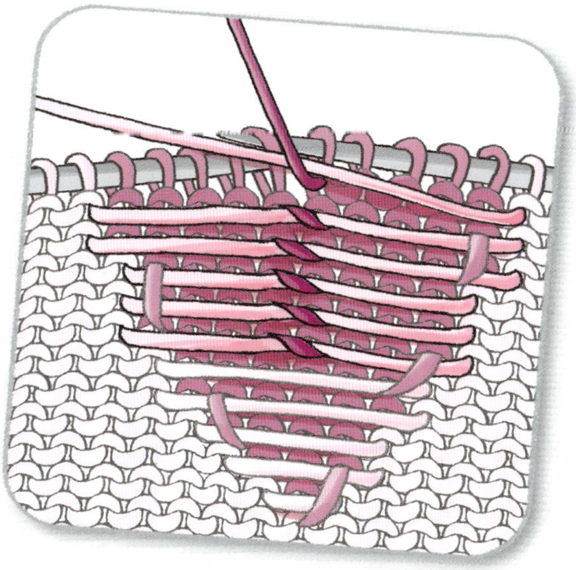

Spannfäden die länger als 5-8 Maschen sind, auf der Rückseite mit dem Strickfaden verkreuzen.

FRANSEN

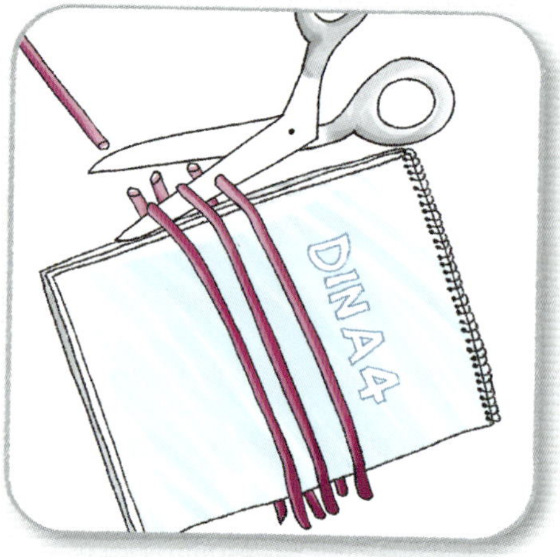

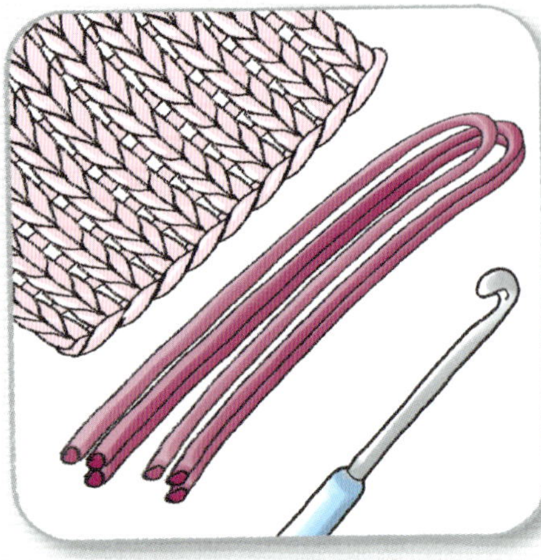

SCHRITT 1:
Faden pro Franse ca. 3x um die schmale Kante eines Din A4-Blocks wickeln.

SCHRITT 2:
Fäden an den Kanten durchschneiden.

SCHRITT 3:
Fäden zur Hälfte falten, Häkelnadel und Strickstück bereit legen.

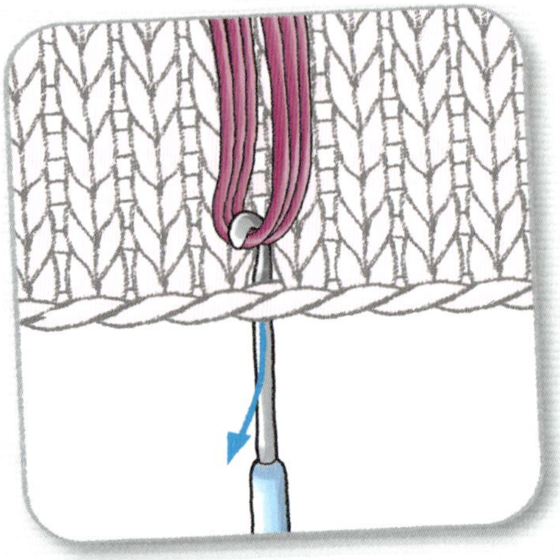

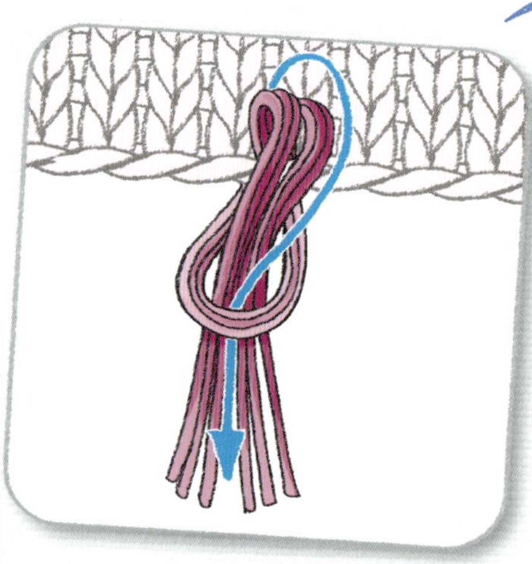

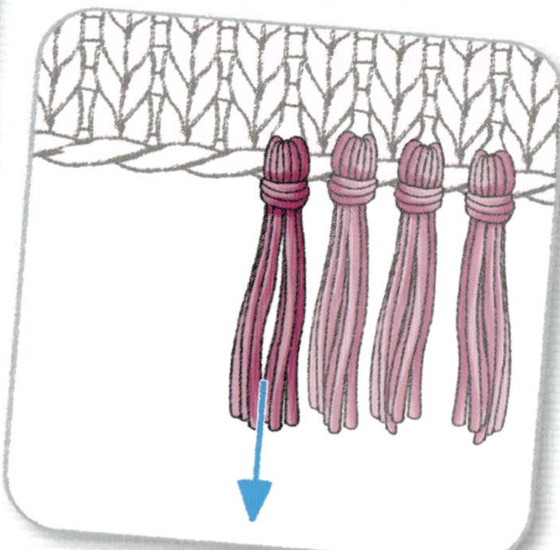

SCHRITT 4:
Mit Häkelnadel durch die Kante des Strickstücks gehen, die Mitte von 2 Fransen erfassen.

SCHRITT 5:
Fransen zu 1/3 durch die Kante und die unteren Fransen durch die Schlaufen ziehen.

SCHRITT 6:
Festziehen und mit weiteren Fransen wiederholen.

Quasten

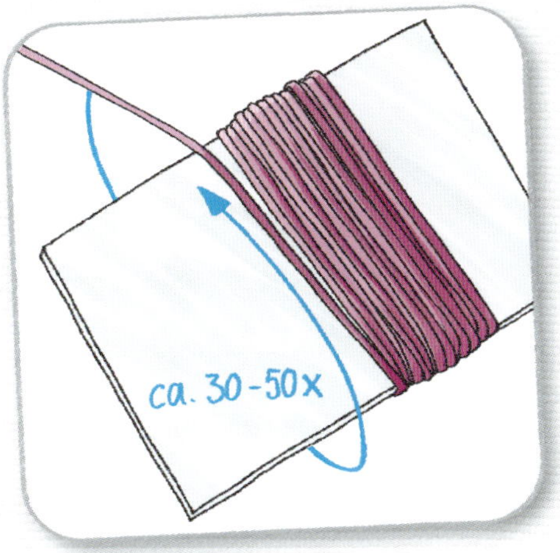

Schritt 1:
Faden um ein kleines Stück Karton ca. 30-50x wickeln.

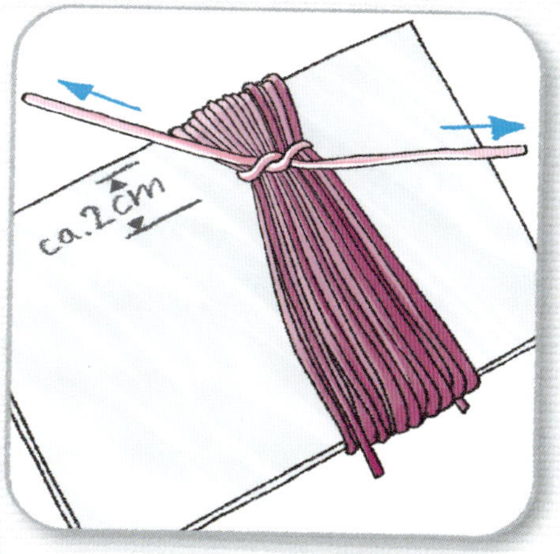

Schritt 2:
Fäden mit neuem Faden ca. 2 cm vom Rand abbinden.

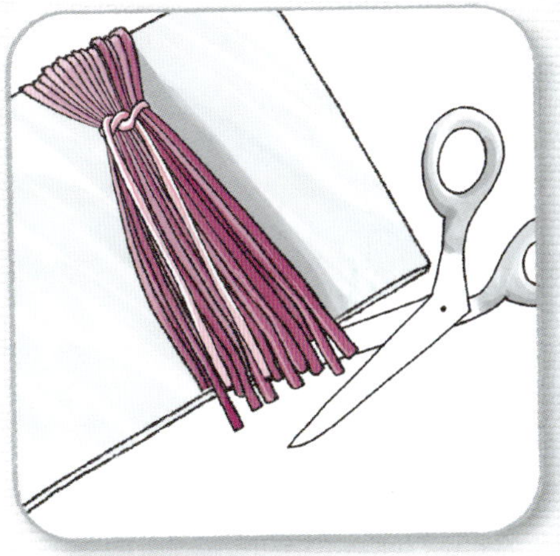

Schritt 3:
Fäden unten durchschneiden.

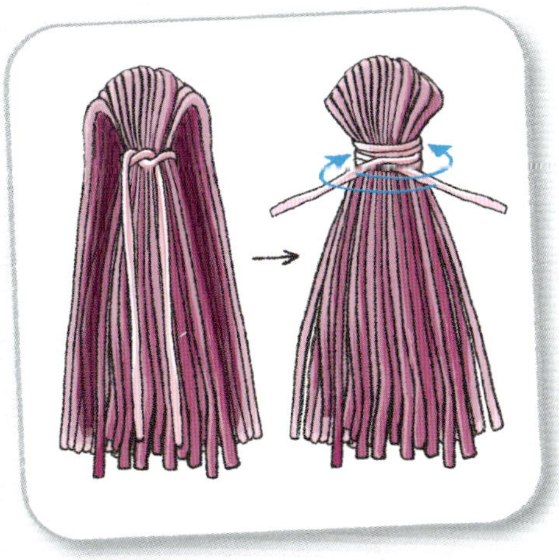

Schritt 4:
Quastenkopf abbinden und verknoten.

Fertige Quaste.

POMPON

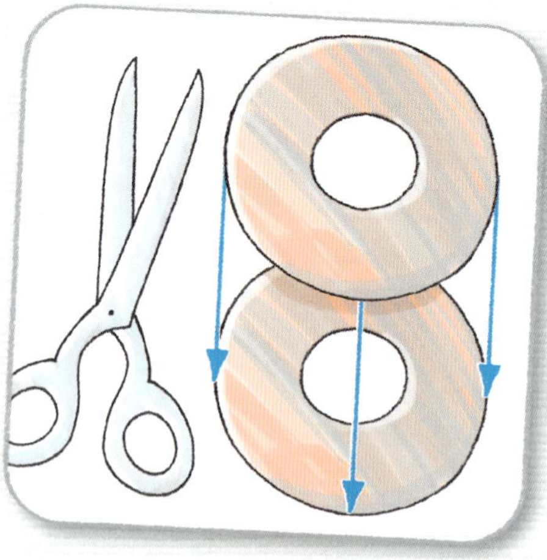

SCHRITT 1:
2 Pappkreise mit Loch in der Mitte zurechtschneiden.

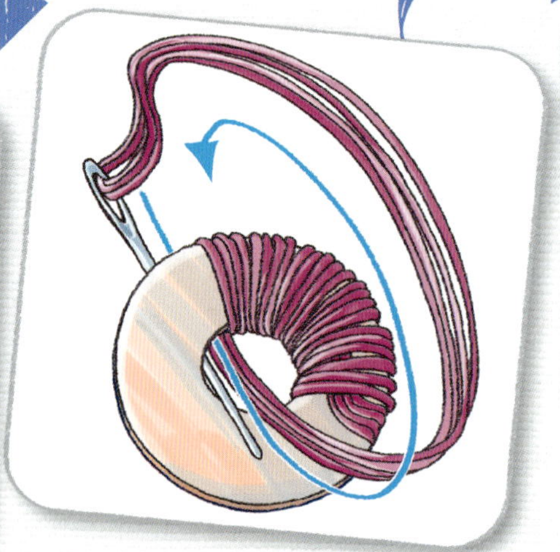

SCHRITT 2:
Pappkreise mit Fäden umwickeln …

SCHRITT 3:
… bis kein Faden mehr durchgeht.

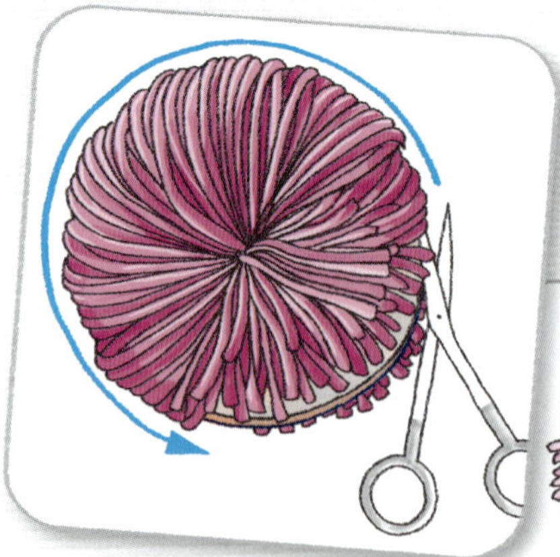

SCHRITT 4:
Pompon am Rand aufschneiden.

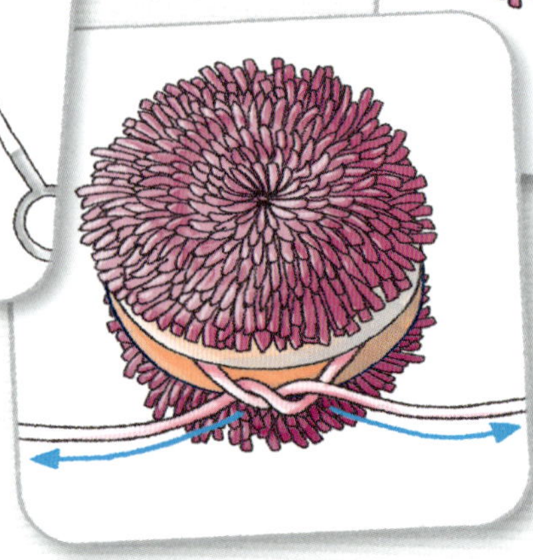

SCHRITT 5:
Faden zwischen die Pappkreise ziehen und gut verknoten.

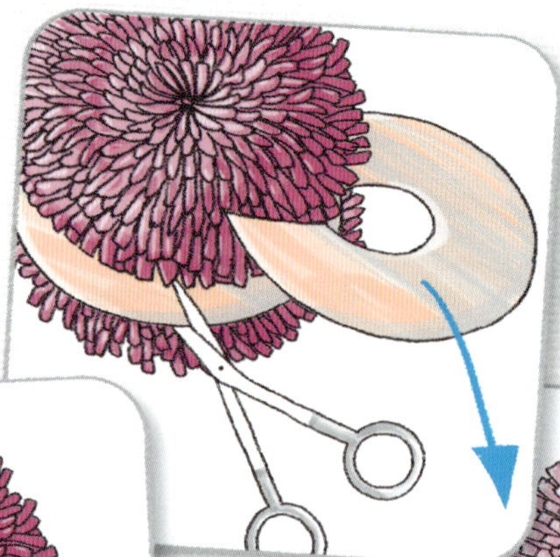

SCHRITT 6:
Pappkreise aufschneiden und entfernen.

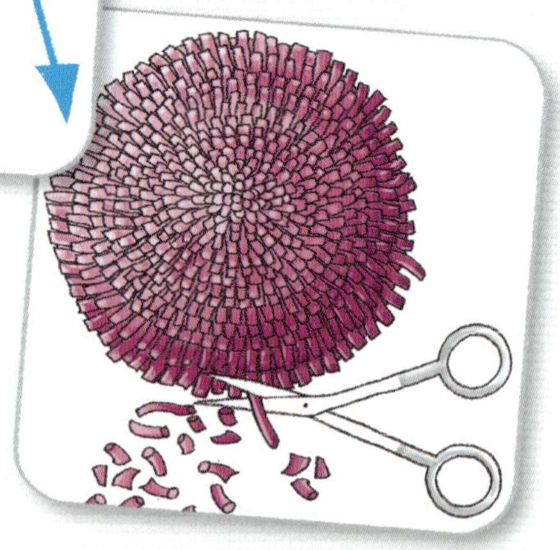

SCHRITT 7:
Überstehende Fäden abschneiden.

STICKSTICHE

MARGERITENSTICH

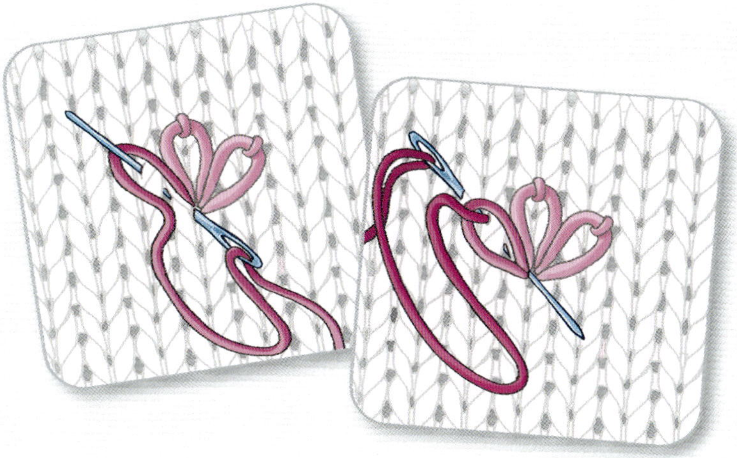

KNÖTCHENSTICH

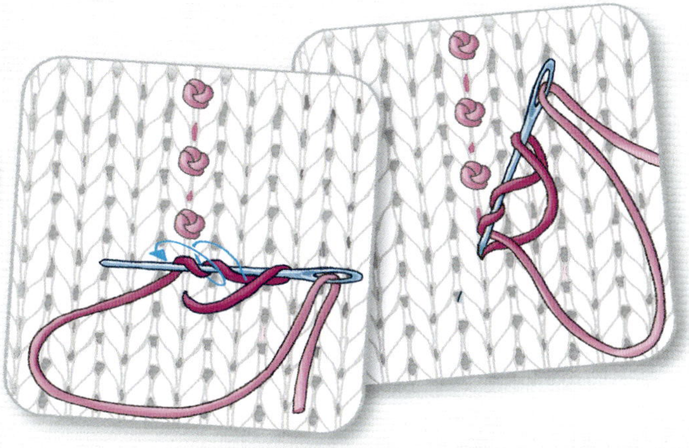

KETTSTICH

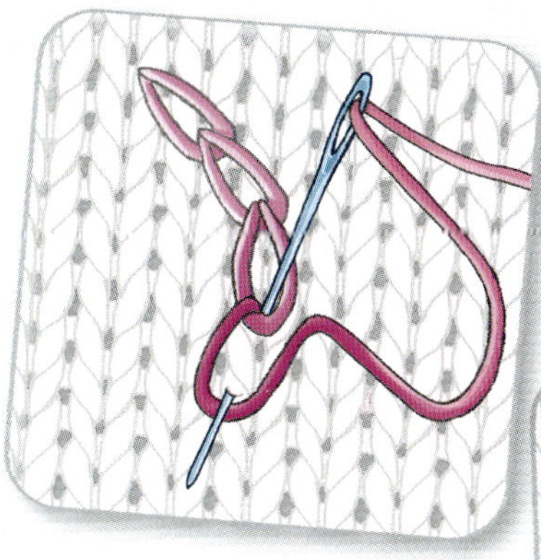

FESTON- ODER LANGETTENSTICH

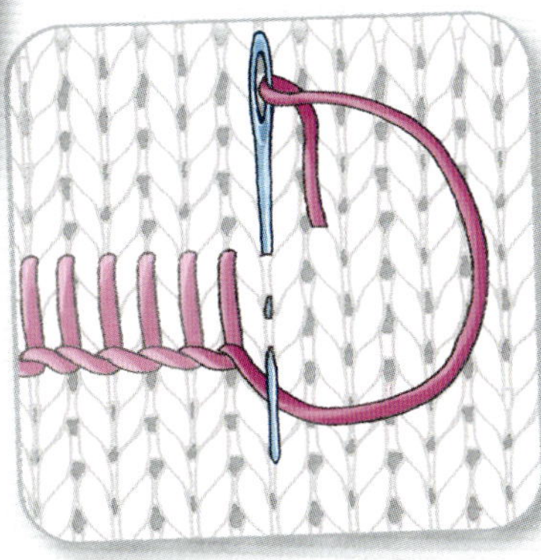

SPANNSTICH

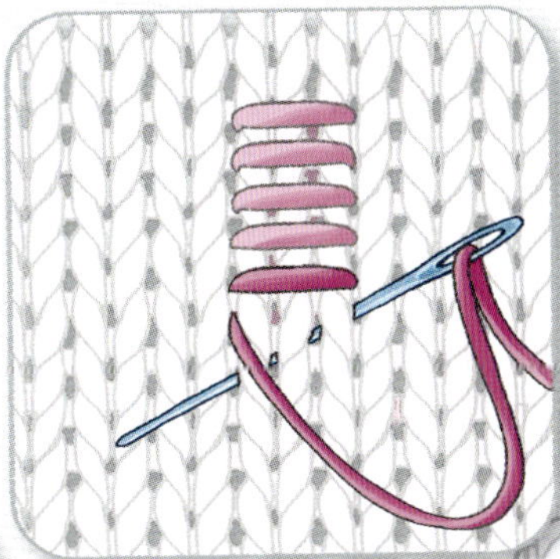

STIELSTICH

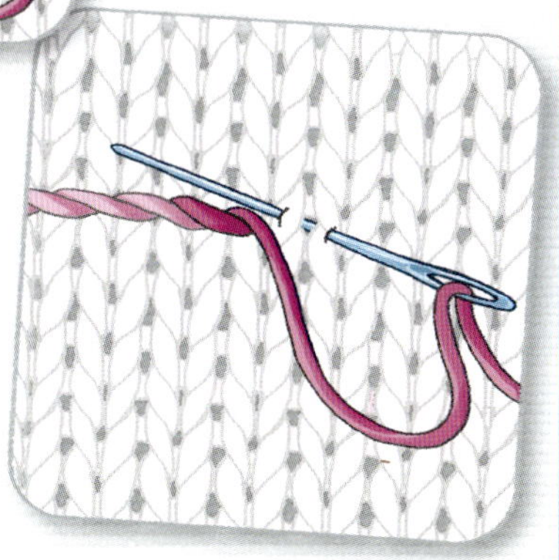

FALLMASCHEN *beheben*

BEI RECHTEN MASCHEN

Fallmasche in einer Reihe

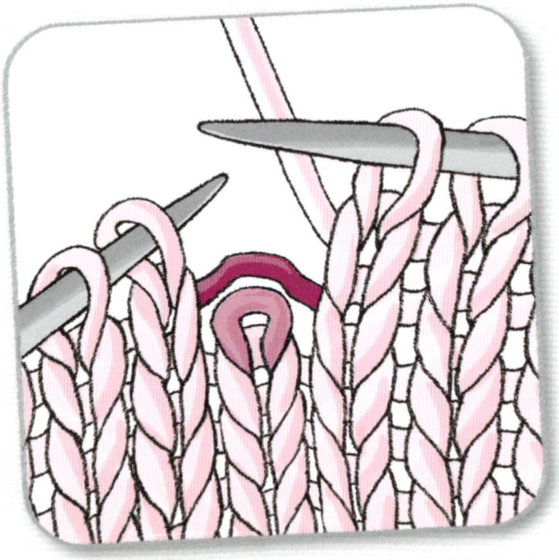

Fallmasche = 1 Reihe

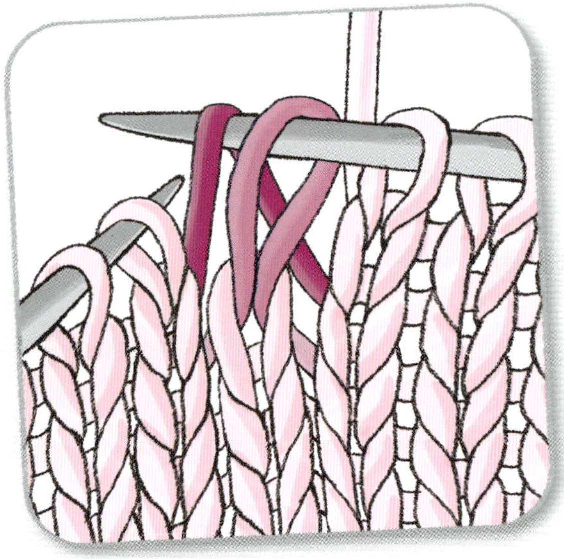

Faden hinter der Masche aufnehmen, Masche mit Nadel auffangen.

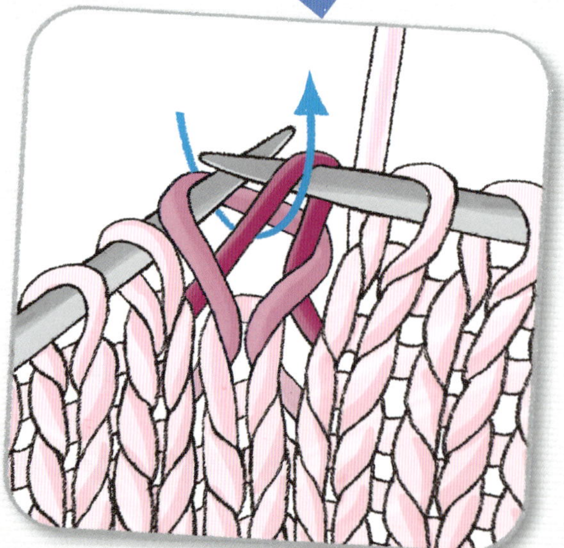

Faden wieder durch die Masche ziehen.

Fallmasche über mehrere Reihen

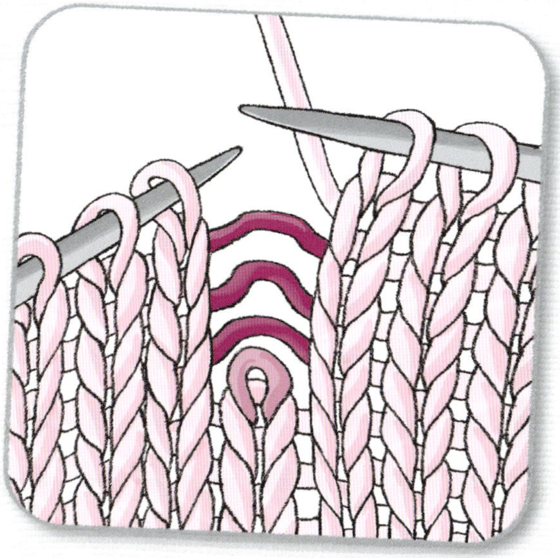

Fallmasche = mehrere Reihen

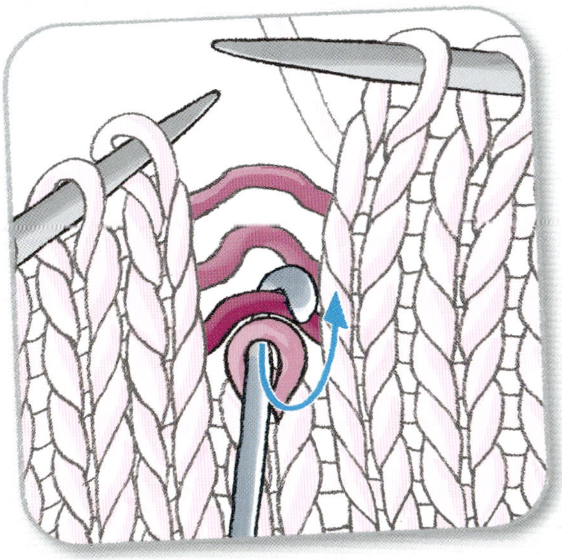

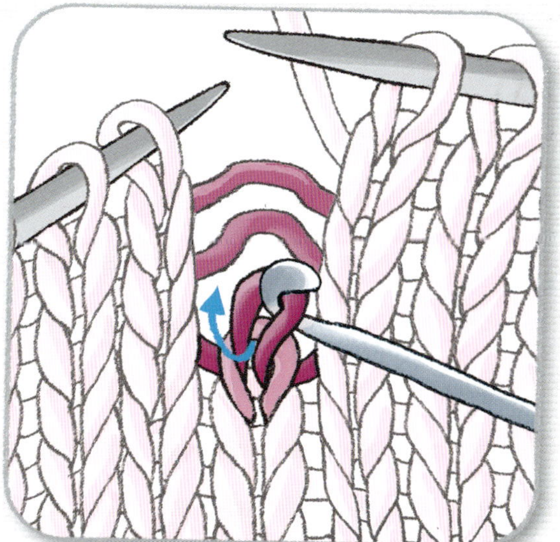

Fallmasche mit der Häkelnadel auffangen, jeweils den nächsten Querfaden wieder durchziehen.

Bei linken Maschen

Fallmasche in einer Reihe

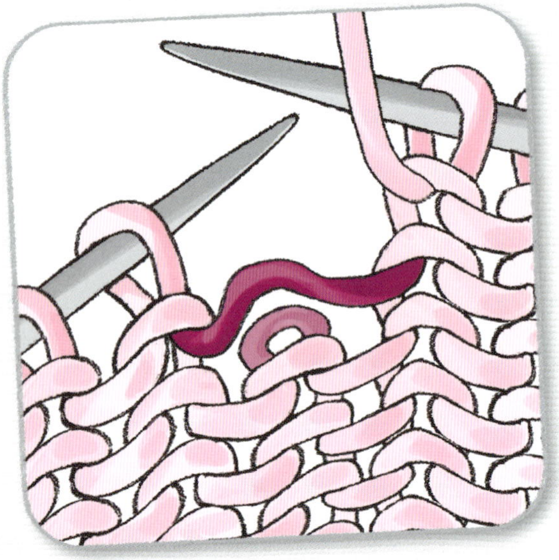

Fallmasche = 1 Reihe

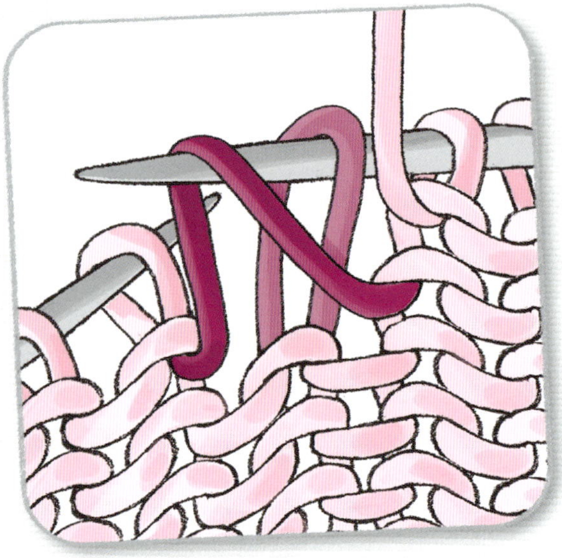

Masche mit der Nadel auffangen, den Faden vor die Masche legen.

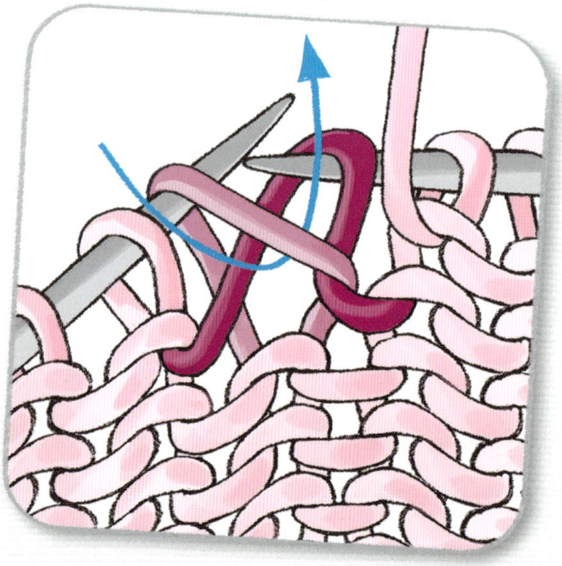

Querfaden nach hinten durch die Masche ziehen.

Fallmasche über mehrere Reihen

Fallmaschen = mehrere Reihen.

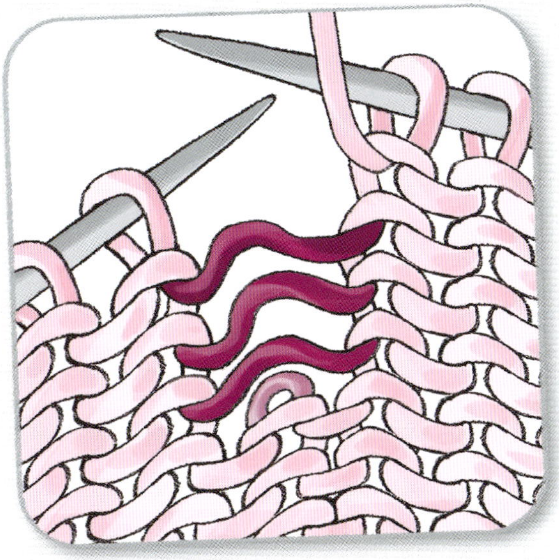

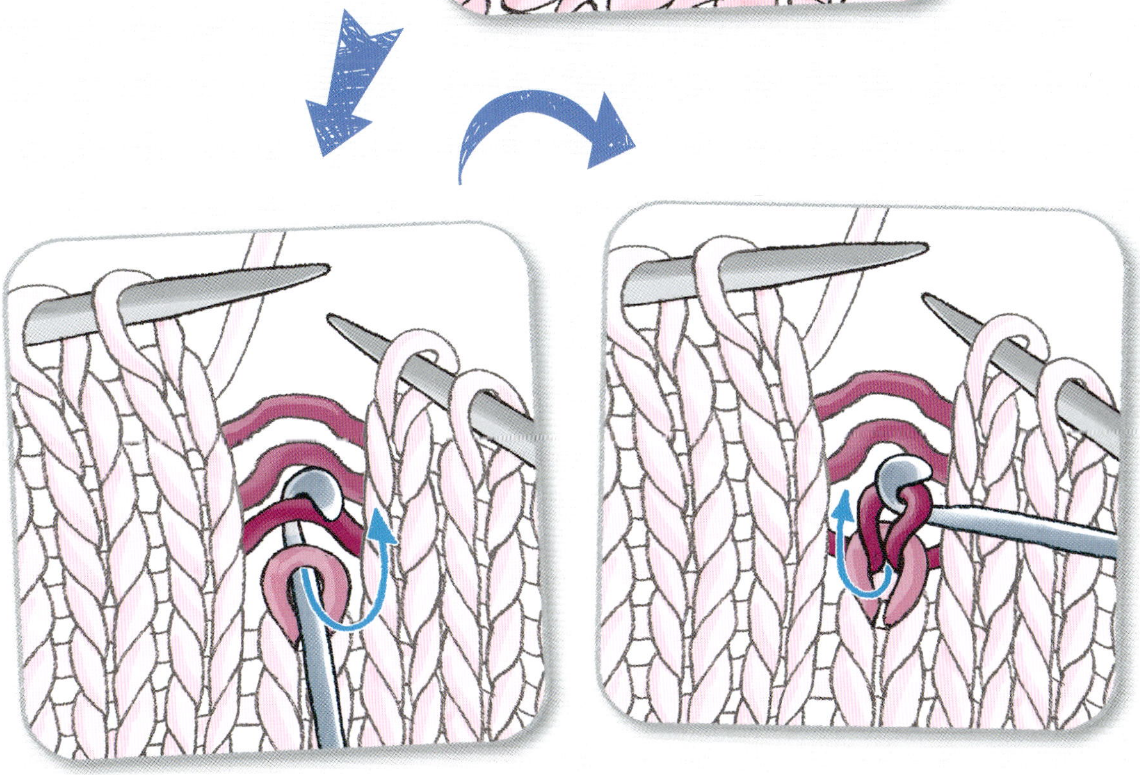

Arbeit wenden und wie bei rechten Maschen beheben.

STRICKSCHRIFT

FERTIGES MUSTER

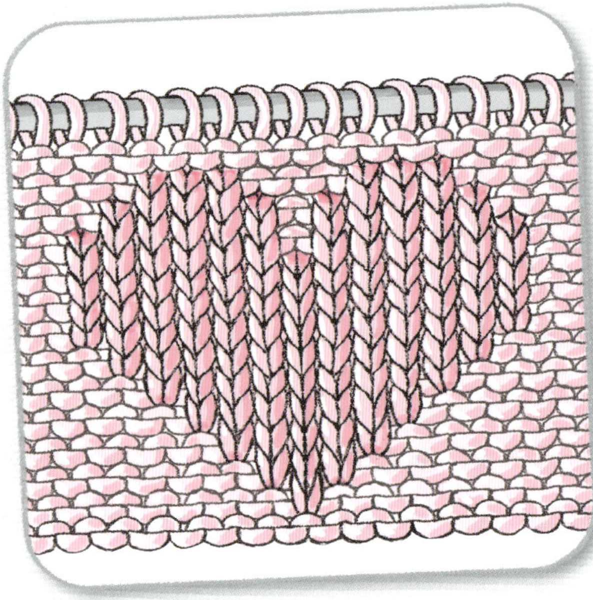

Strukturmuster werden durch Strickschriften dargestellt.

STRICKSCHRIFT ZUM MUSTER

–	–	–	–	–	–	–	–	–	–	–	–	–	–	–	–	–	
–	–	–	–	■	■	■	–	–	–	■	■	■	–	–	–	–	13
–	–	–	■	■	■	■	■	–	■	■	■	■	■	–	–	–	
–	–	■	■	■	■	■	■	–	■	■	■	■	■	■	–	–	11
–	–	■	■	■	■	■	■	■	■	■	■	■	■	■	–	–	
–	–	■	■	■	■	■	■	■	■	■	■	■	■	■	–	–	9
–	–	■	■	■	■	■	■	■	■	■	■	■	■	■	–	–	
–	–	■	■	■	■	■	■	■	■	■	■	■	■	■	–	–	7
–	–	–	■	■	■	■	■	■	■	■	■	■	■	–	–	–	
–	–	–	–	■	■	■	■	■	■	■	■	■	–	–	–	–	5
–	–	–	–	–	■	■	■	■	■	■	■	–	–	–	–	–	
–	–	–	–	–	–	■	■	■	■	■	–	–	–	–	–	–	3
–	–	–	–	–	–	–	■	■	■	–	–	–	–	–	–	–	
–	–	–	–	–	–	–	–	■	–	–	–	–	–	–	–	–	1

ZEICHENERKLÄRUNG

■ = In Hinreihen 1 Masche rechts, in Rückreihen 1 Masche links stricken

– = In Hinreihen 1 Masche links, in Rückreihen 1 Masche rechts stricken

Zählmuster

Fertiges Muster

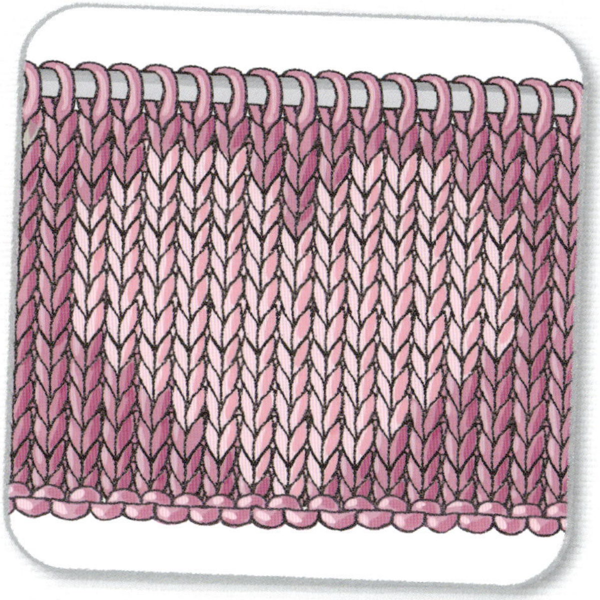

Farbmuster werden durch Zählmuster dargestellt.

Zählmuster zum Muster

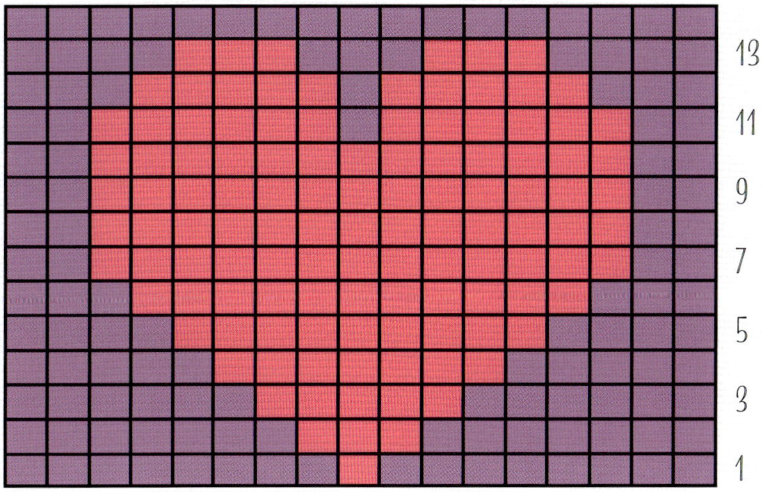

Zeichenerklärung

■ = 1 rechte Masche in Lila

■ = 1 rechte Masche in Rosa

STRICKSCHRIFT *lesen*

●	■	■	■	■	■	●	
●	■	■	−	■	■	●	5
●	■	−	−	−	■	●	
●	−	−	−	−	−	●	3
●	■	−	−	−	■	●	
●	■	■	−	■	■	●	1

|- - - Rapport - - - -|

Rapport = 5 Maschen

ZEICHENLEGENDE

● = Randmasche
■ = In Hinreihen 1 Masche rechts, in Rückreihen 1 Masche links
− = In Hinreihen 1 Masche links, in Rückreihen 1 Masche rechts

Eine Strickschrift zeigt ein sich wiederholdendes Muster (= Rapport) für ein Strickobjekt.
Der Rapport ist nur ein kleiner Teil des ganzen Musters.

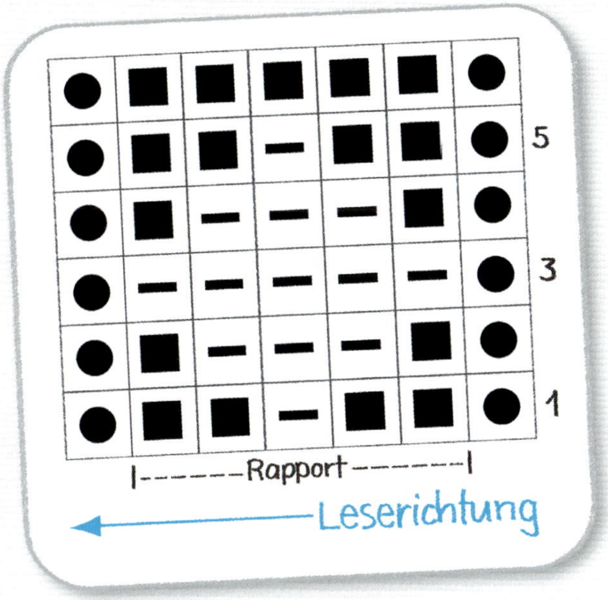

Leserichtung in Strickrichtung.

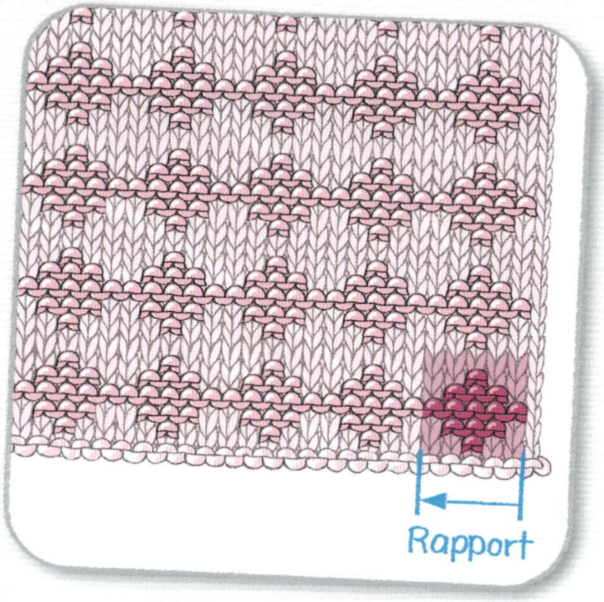

Rapport = Maschen und Reihen die wiederholt werden.

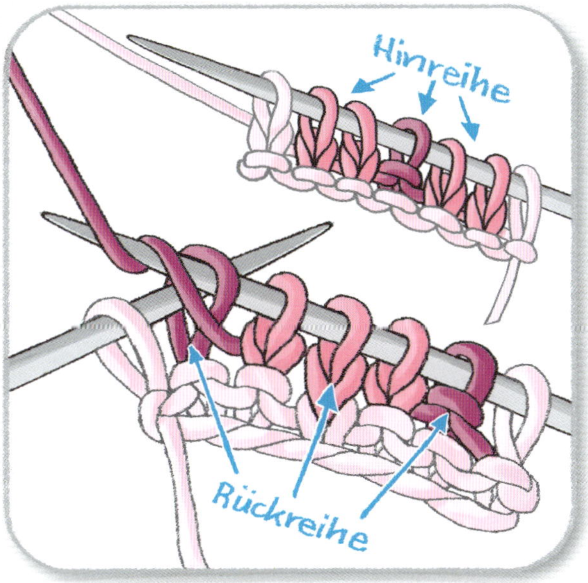

Strickschrift = Wie es auf der Vorderseite erscheint.

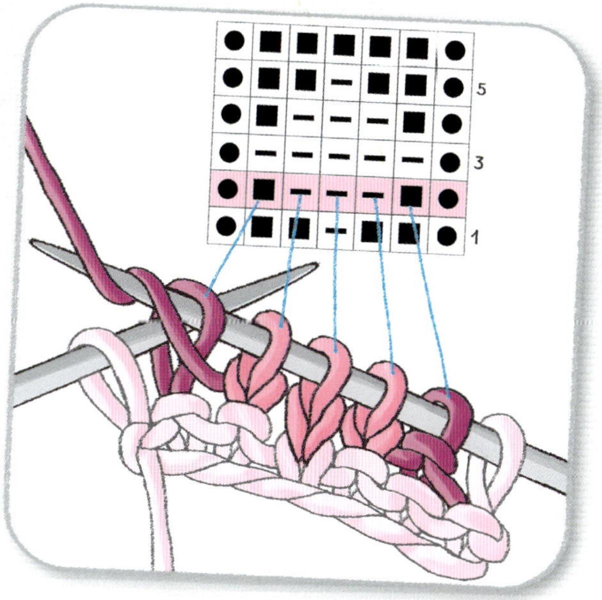

In Rückreihen werden rechte Maschen links und linke Maschen rechts gestrickt. Die Strickschrift zeigt das Maschenbild auf der Vorderseite.

MODELLE

STIRNBAND

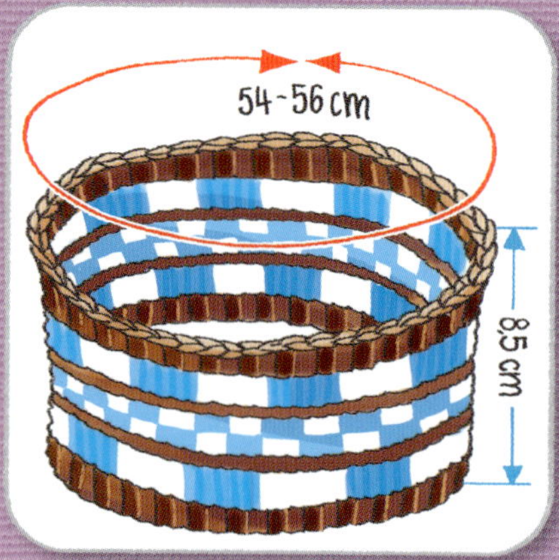

MÜTZE

LOOP

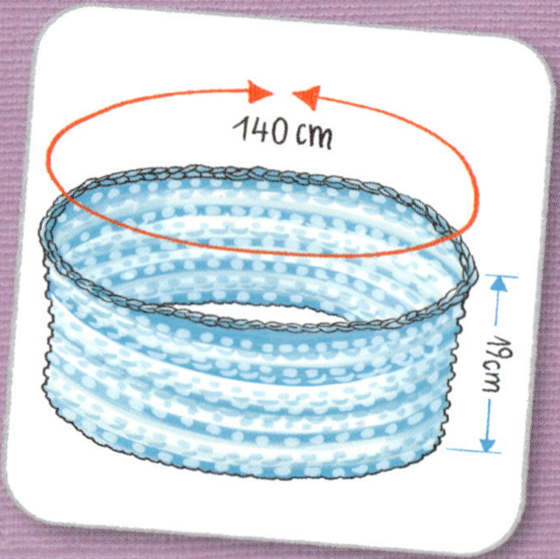

HANDSTULPEN

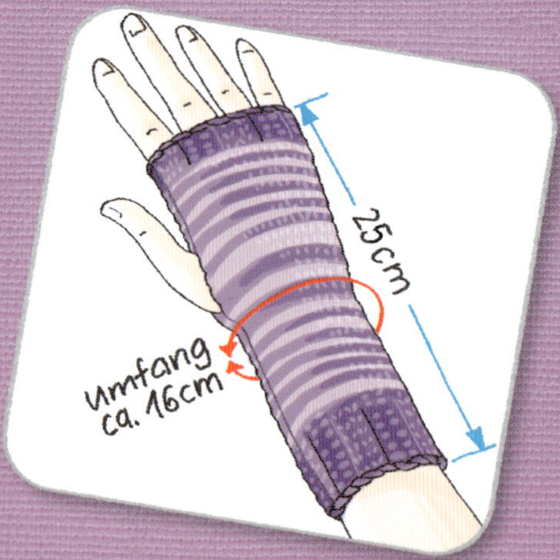

SCHAL

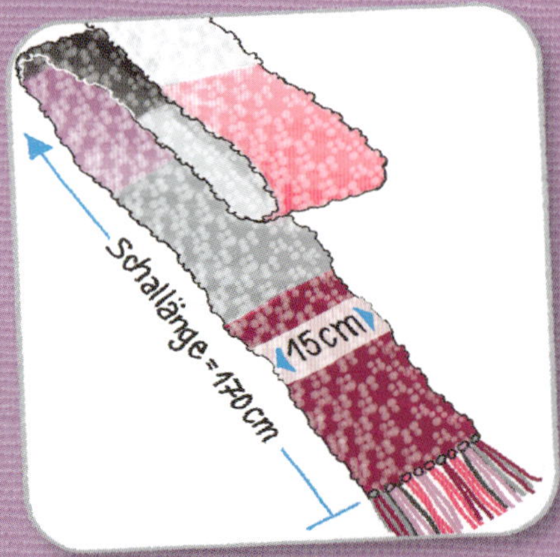

TABLET-HÜLLE

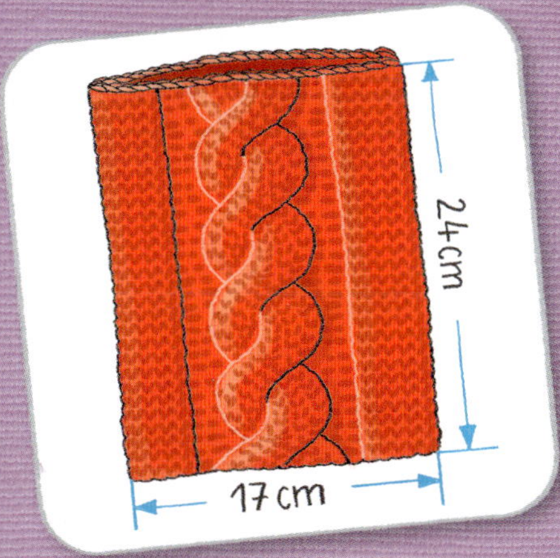

KISSENBEZUG

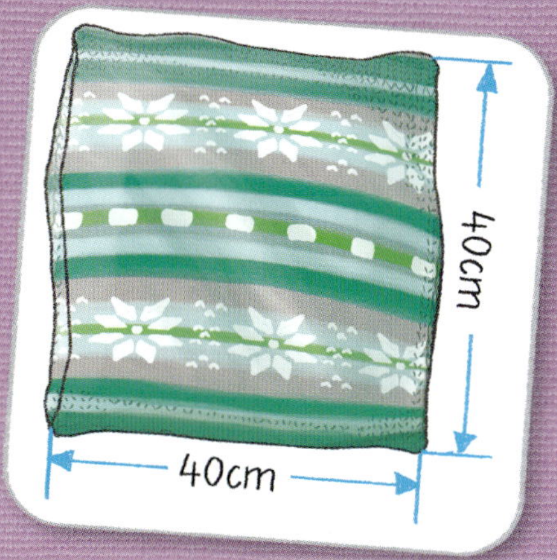

WOLLKORB

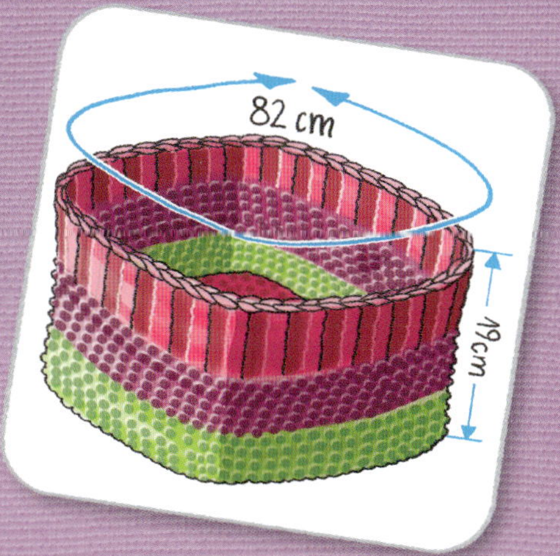

ÜBERTÖPFE

STIRNBAND

STIRNBAND

GRÖSSE

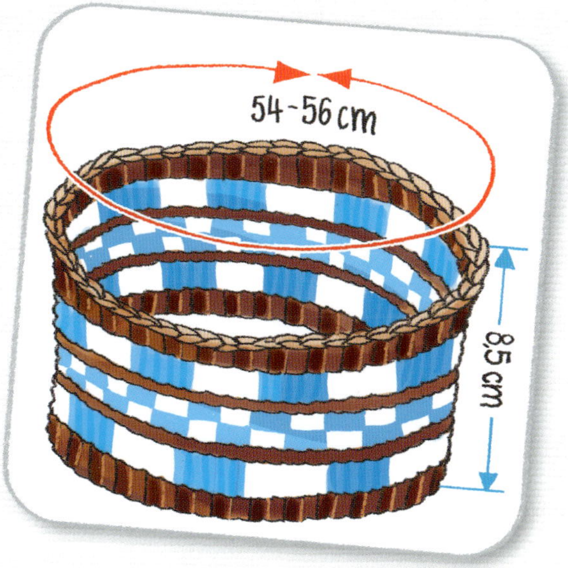

MATERIAL

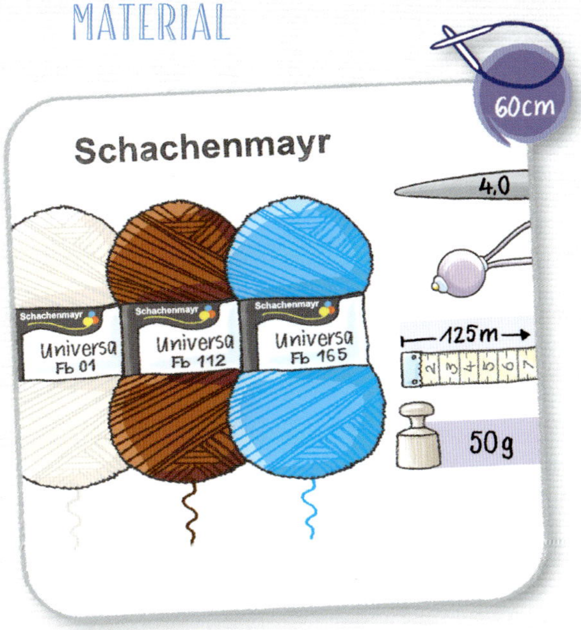

MASCHENPROBE

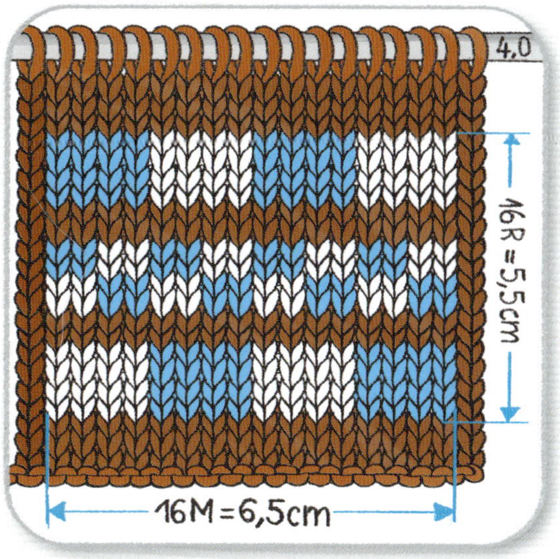

Maschenprobe = 2 x Rapport

STRICKMUSTER

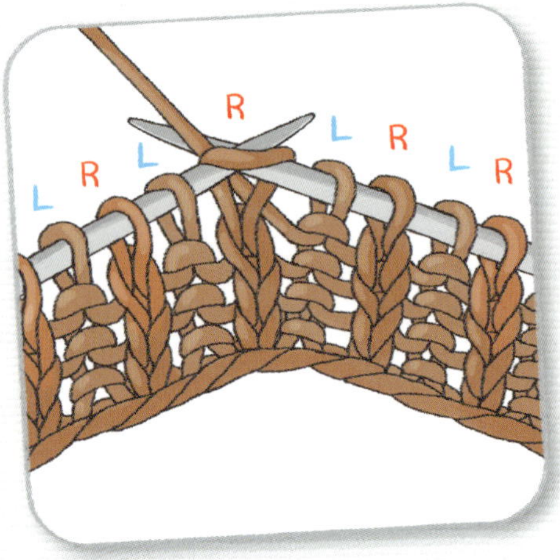

BÜNDCHENMUSTER:

1 Masche rechts, 1 Masche links im Wechsel stricken.

JACQUARDMUSTER

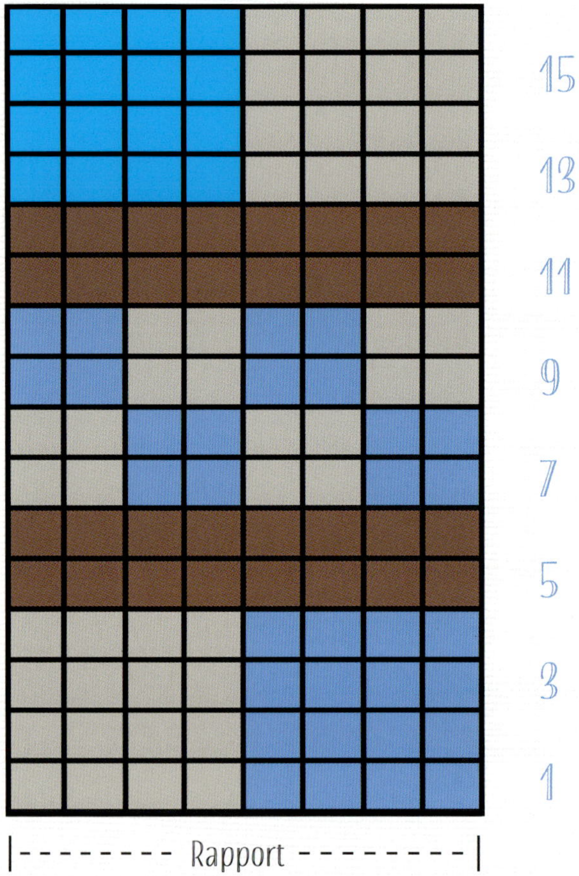

Rapport = 8 Maschen

ZEICHENERKLÄRUNG

- (Türkis) = 1 Masche rechts in Türkis stricken
- (Weiß) = 1 Masche rechts in Weiß stricken
- (Mocca) = 1 Masche rechts in Mocca stricken

ANLEITUNG

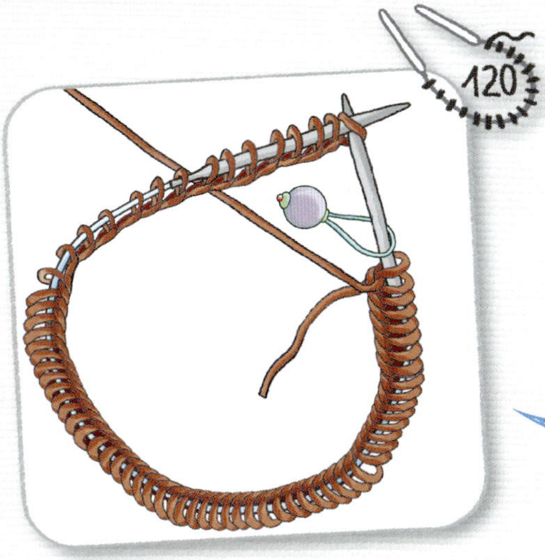

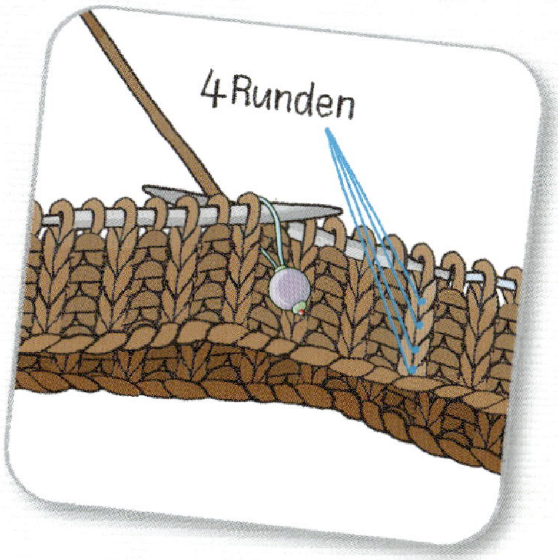

120 Maschen anschlagen, Maschenmarkierer platzieren und zur Runde schließen.

4 Runden im Bündchenmuster stricken.

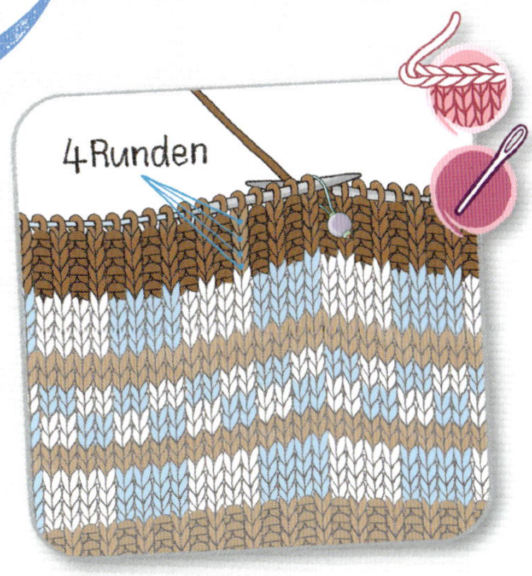

Im Jacquardmuster stricken. Rapport 15x wiederholen.

4 Runden im Bündchenmuster in Mocca stricken, Maschen abketten und Fäden vernähen.

FERTIG!

MÜTZE

MÜTZE

GRÖßE

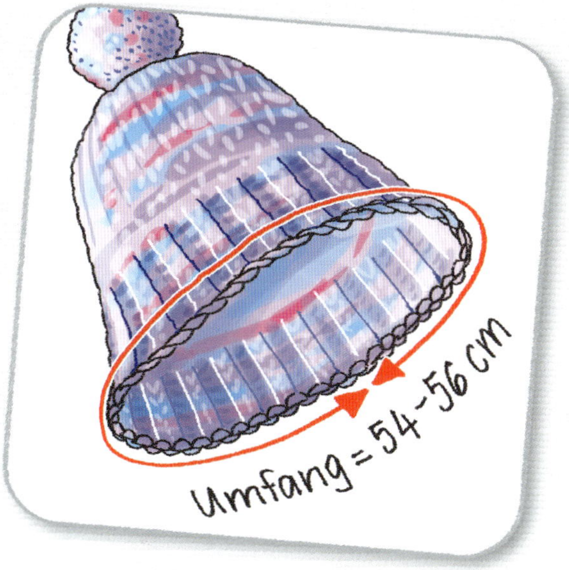

MATERIAL

MASCHENPROBE

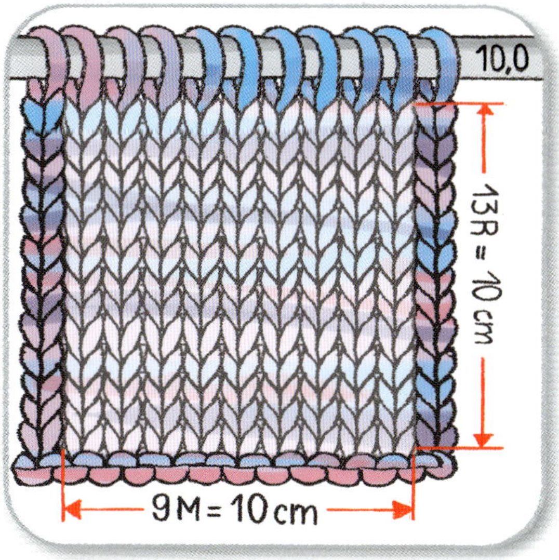

STRICKMUSTER

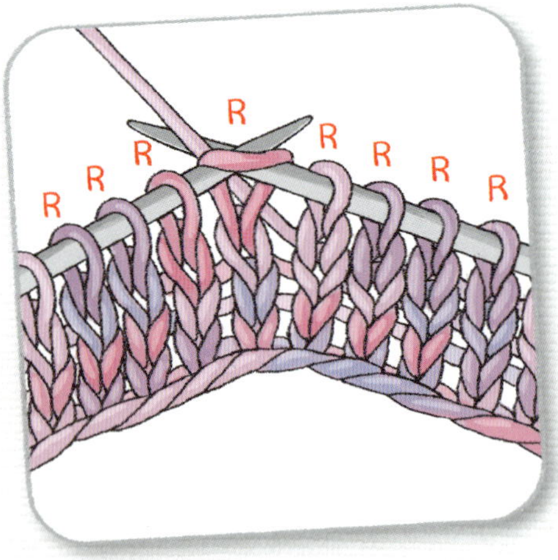

GRUNDMUSTER
Glatt rechts in Runden:
Rechte Maschen stricken.

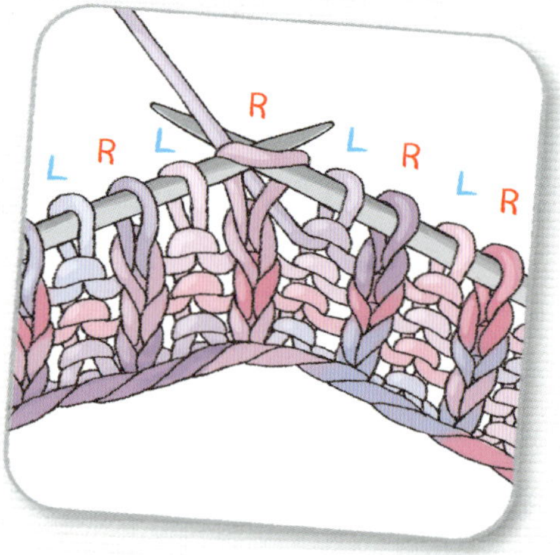

BÜNDCHENMUSTER:
1 Masche rechts, 1 Masche links im Wechsel stricken.

ANLEITUNG

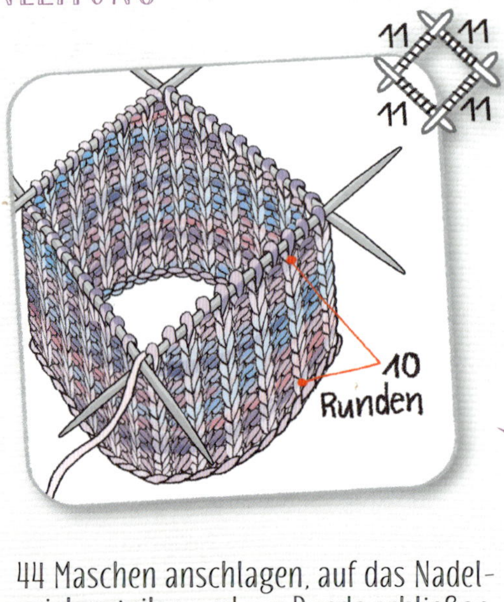

44 Maschen anschlagen, auf das Nadelspiel verteilen und zur Runde schließen (siehe Seite 47).
Bündchenmuster = 10 Runden.

20 Runden glatt rechts stricken (= 30 Runden gestrickt).

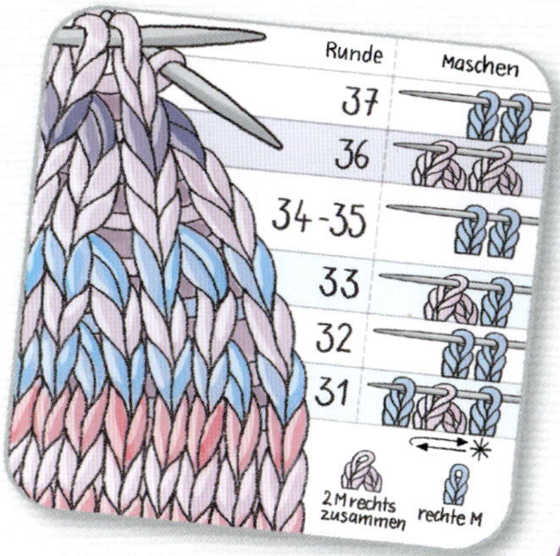

31. RUNDE: *1 Masche rechts, 2 Maschen rechts zusammenstricken, 1 Masche rechts. Ab * fortlaufend wiederholen. (= 33 Maschen)

32. RUNDE: Alle Maschen rechts stricken.

33. RUNDE: *1 Masche rechts, 2 Maschen rechts zusammenstricken. Ab * fortlaufend wiederholen. (= 22 Maschen)

34+35. RUNDE: Alle Maschen rechts stricken.

36. RUNDE: 2 Maschen rechts zusammenstricken. Ab * fortlaufend wiederholen. (= 11 Maschen)

37. RUNDE: Alle Maschen rechts stricken.

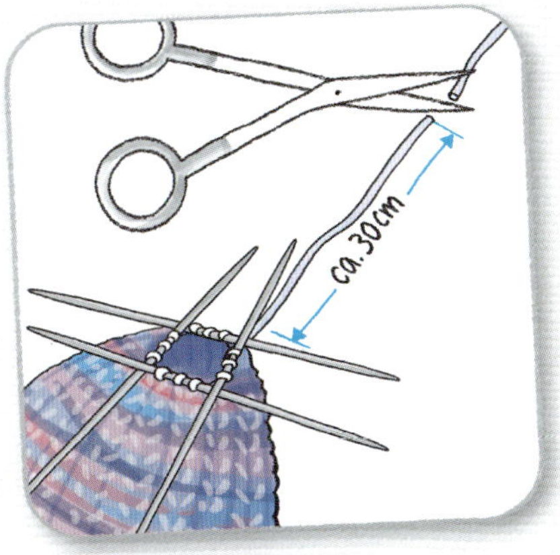

Faden 30 cm lang abschneiden.

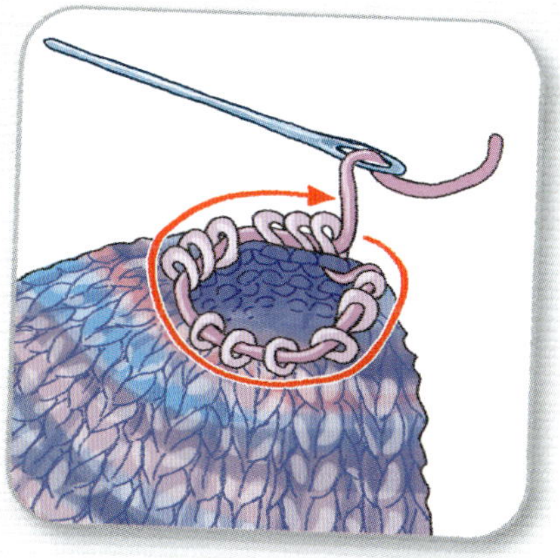

Faden auf eine Wollnadel und durch die verbliebenen Maschen ziehen.

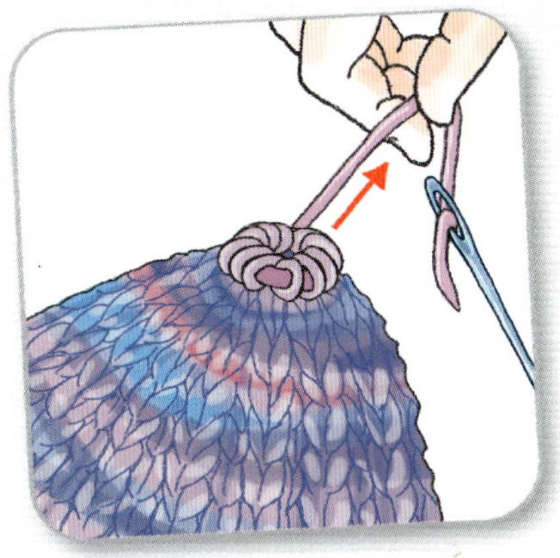

Faden fest anziehen.

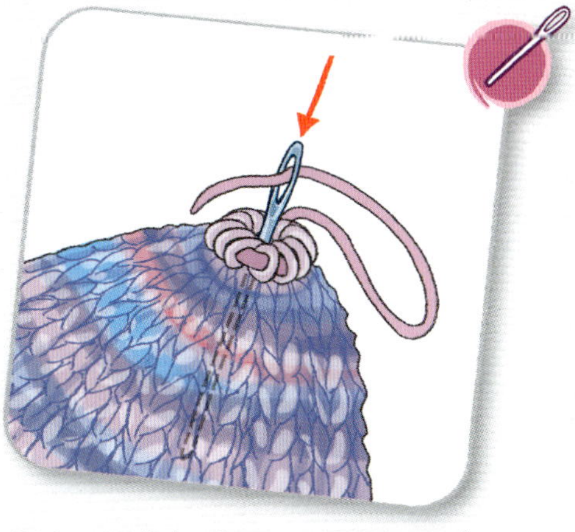

Fäden auf der Innenseite vernähen.

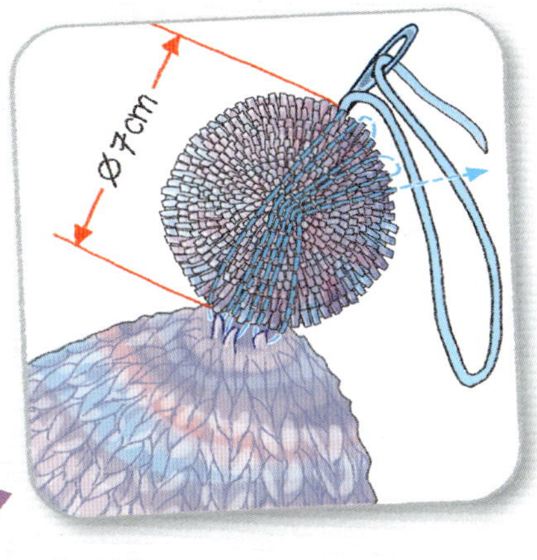

1 Pompon mit ø 7,0 cm herstellen (siehe Seite 74) und an die Mütze nähen.

FERTIG!

LOOP

LOOP

GRÖßE

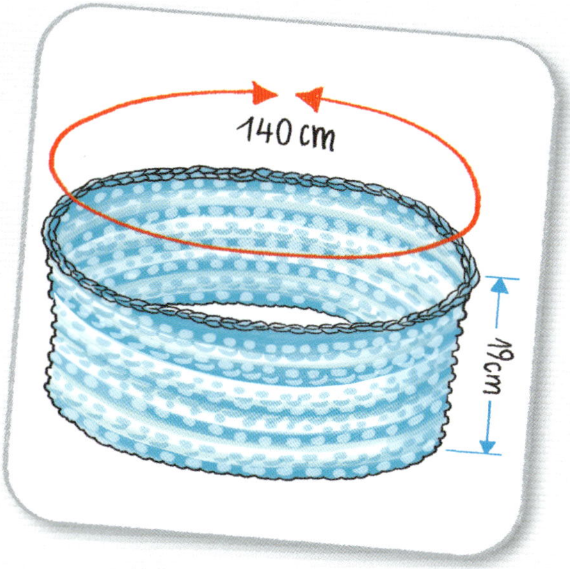

MATERIAL

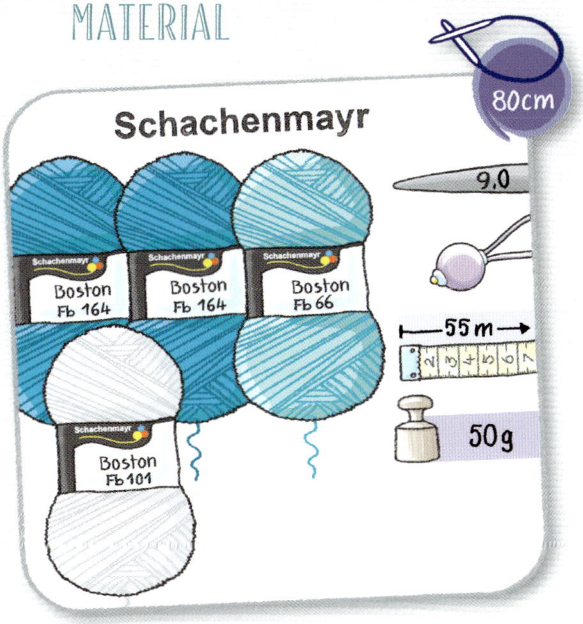

MASCHENPROBE

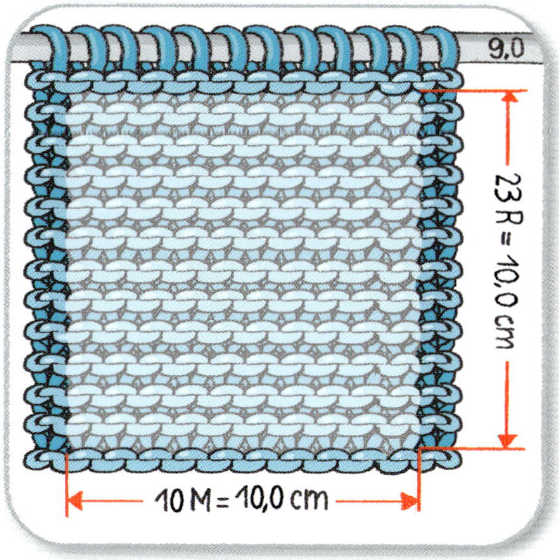

STRICKMUSTER

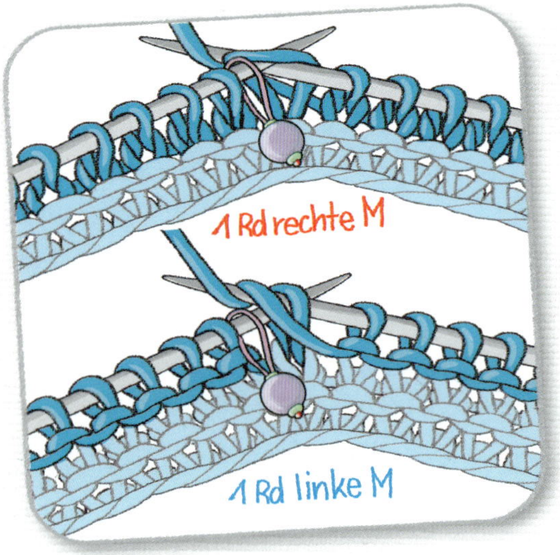

GRUNDMUSTER

Kraus rechts in Runden: 1 Runde rechte Maschen, 1 Runde linke Maschen im Wechsel stricken.

FARBFOLGE

Jeder Kreis = 1 Runde.

Farbe	Runde	Farbe	Runde	Farbe	Runde
●	42	○	28	●	14
●	41	○	27	●	13
●	40	○	26	●	12
●	39	○	25	●	11
◉	38	◉	24	◉	10
◉	37	◉	23	◉	9
○	36	●	22	○	8
○	35	●	21	○	7
◉	34	◉	20	◉	6
◉	33	◉	19	◉	5
●	32	○	18	●	4
●	31	○	17	●	3
●	30	○	16	●	2
●	29	○	15	●	1

● = Fb 164 ◉ = Fb 66 ○ = Fb 101

ANLEITUNG

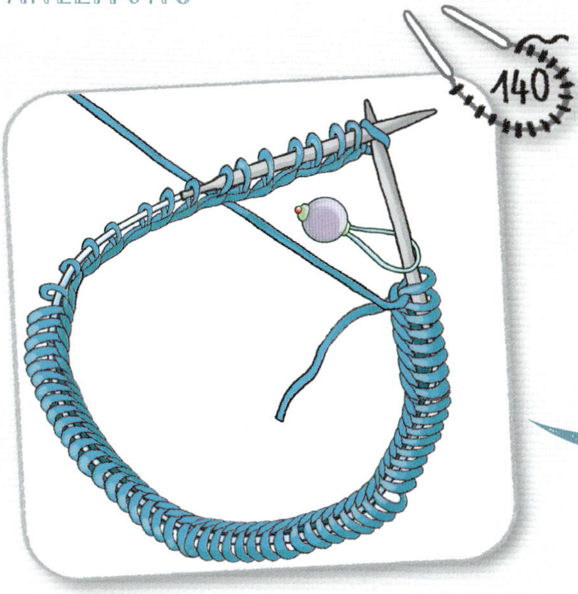

140 Maschen anschlagen, Maschenmarkierer platzieren und zur Runde schließen.

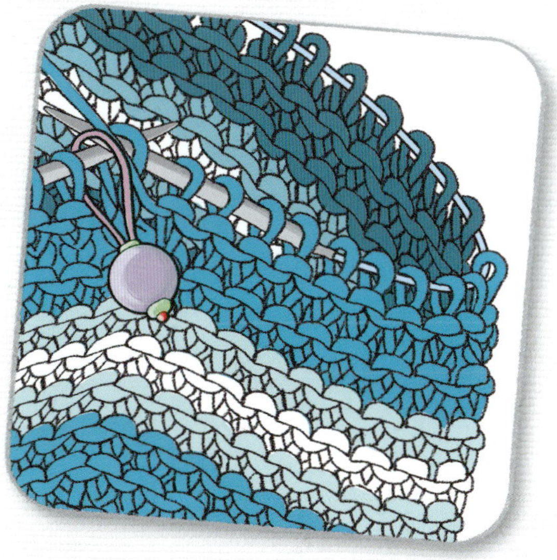

Loop in Runden kraus rechts (siehe Seite 35) in der Farbfolge stricken.

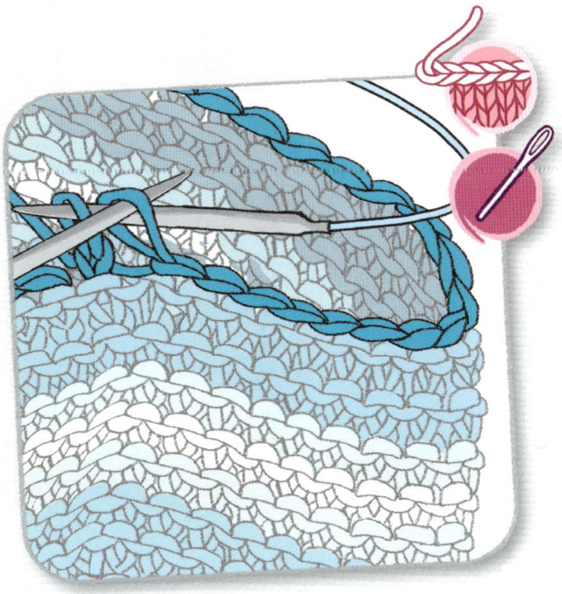

Loop abketten und Fäden vernähen.

FERTIG!

SCHAL

SCHAL

GRÖßE

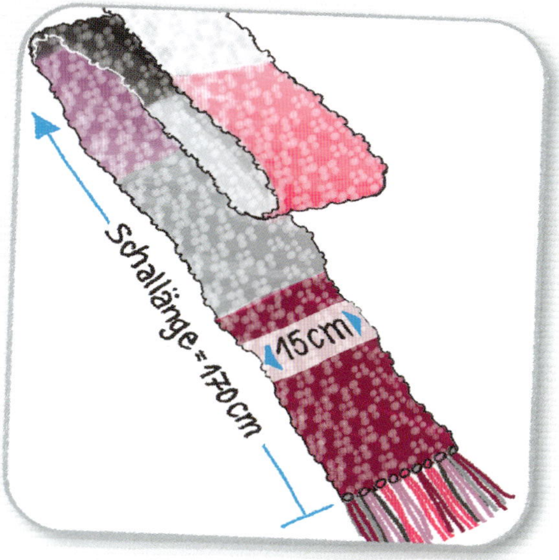

MATERIAL

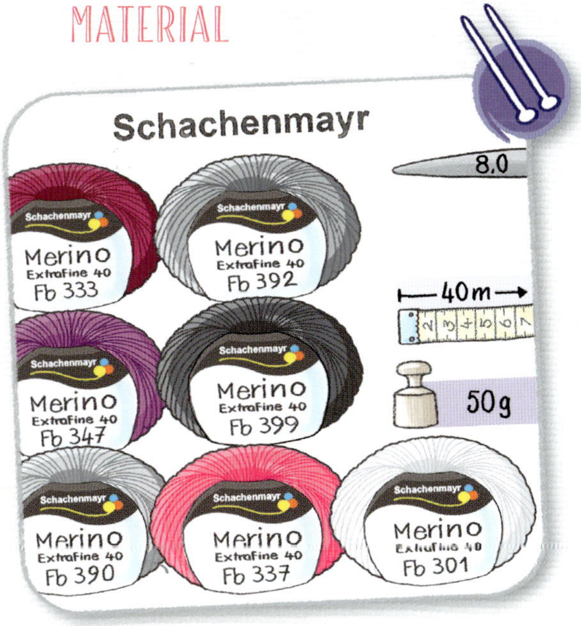

MASCHENPROBE

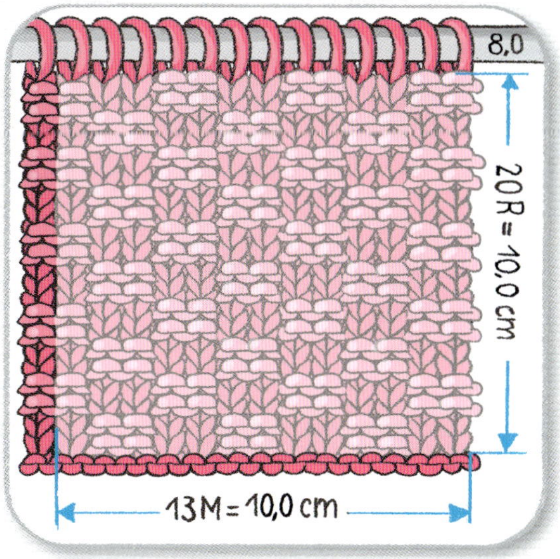

STRICKMUSTER

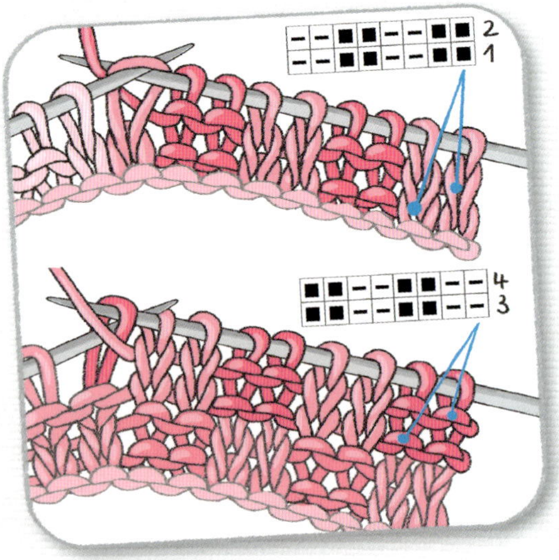

GRUNDMUSTER
Strukturmuster

■	■	–	–	
■	■	–	–	3
–	–	■	■	
–	–	■	■	1

├ – Rapport – ┤

Das Muster wird gestrickt, wie es auf der Vorderseite erscheint (siehe Seite 83).

Rapport = 4 Maschen

ZEICHENERKLÄRUNG
■ = 1 Masche rechts stricken
– = 1 Masche links stricken

Farbnr.	Anzahl Reihen
301	46
337	46
390	46
399	46
347	46
292	46
333	46

Farbfolge: Je 46 Reihen pro Farbe.

ANLEITUNG

20 Maschen anschlagen

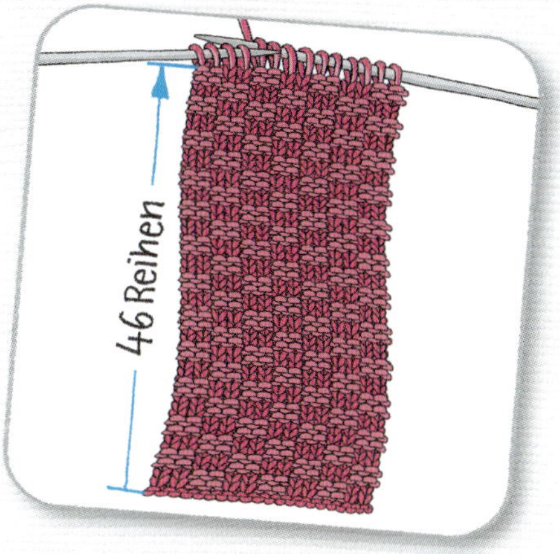

46 Reihen im Strukturmuster stricken.

In der Farbfolge im Strukturmuster stricken.

Abschließend die Maschen abketten und die Fäden vernähen.

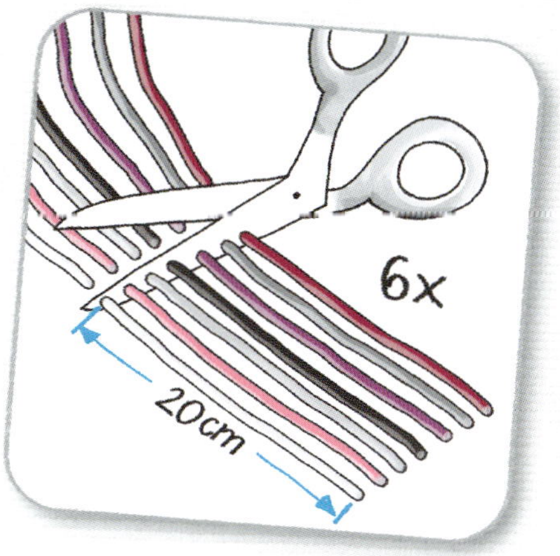

Von allen Farben 6x 1 Faden von 20 cm Länge zuschneiden.

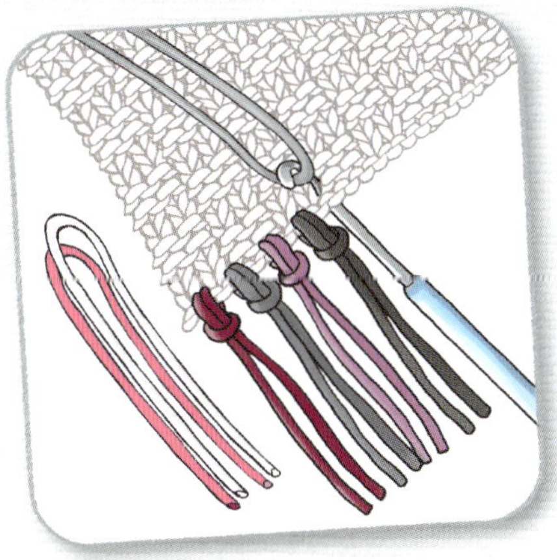

Fransen einknüpfen.

FERTIG!

HANDSTULPEN

HANDSTULPEN

GRÖßE

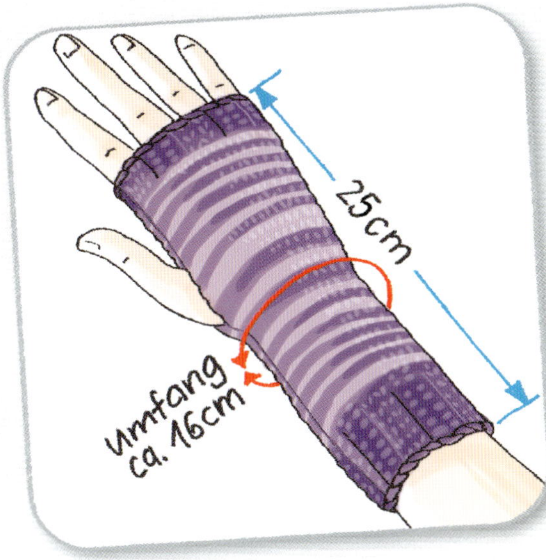

MATERIAL

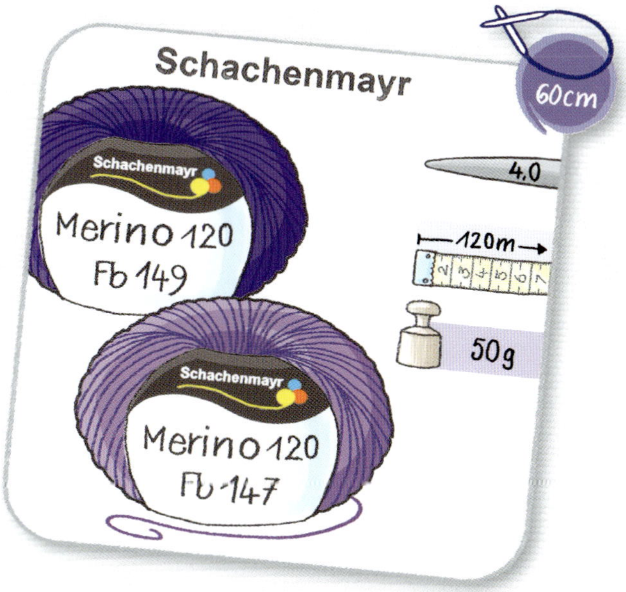

MASCHENPROBE

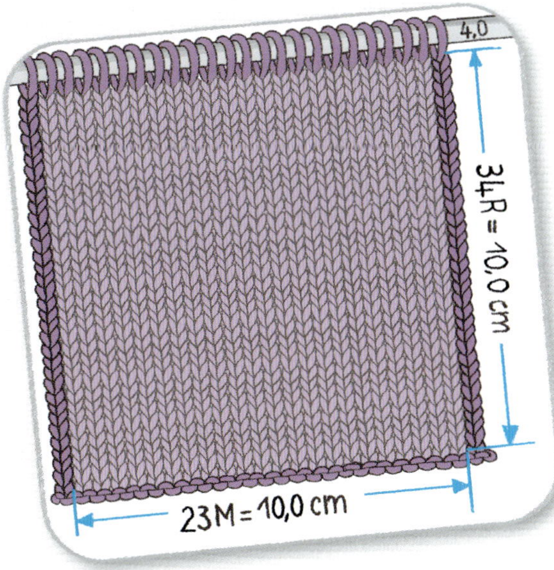

STRICKMUSTER

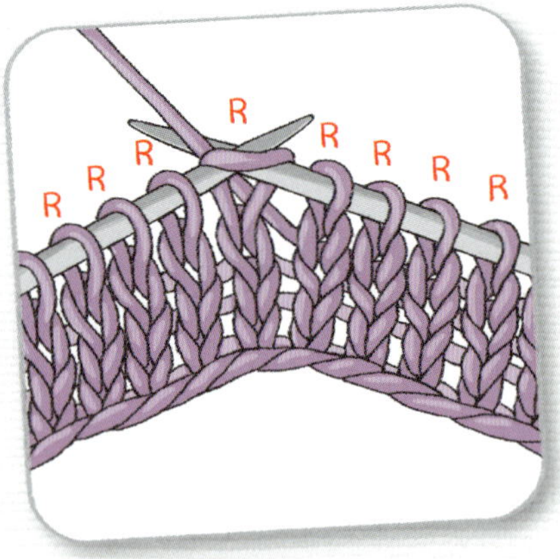

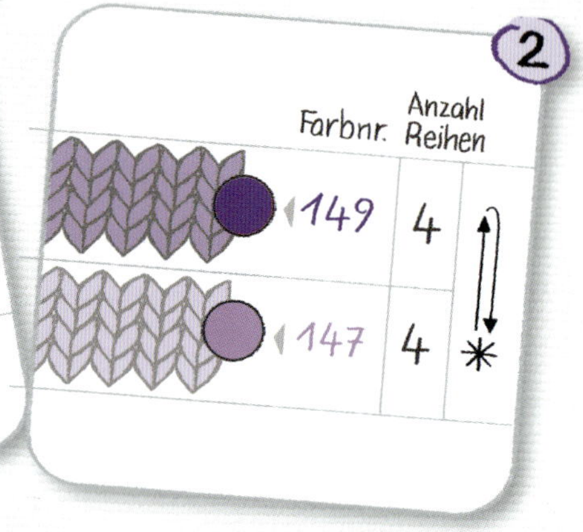

FARBFOLGE 1:

* 2 Reihen in Violett,
2 Reihen in Aubergine,
ab * fortlaufend wiederholen.

FARBFOLGE 2:

* 4 Reihen in Violett,
4 Reihen in Aubergine,
ab * fortlaufend wiederholen.

GRUNDMUSTER

Glatt rechts: In Hinreihen rechte Maschen und in Rückreihen linke Maschen stricken.

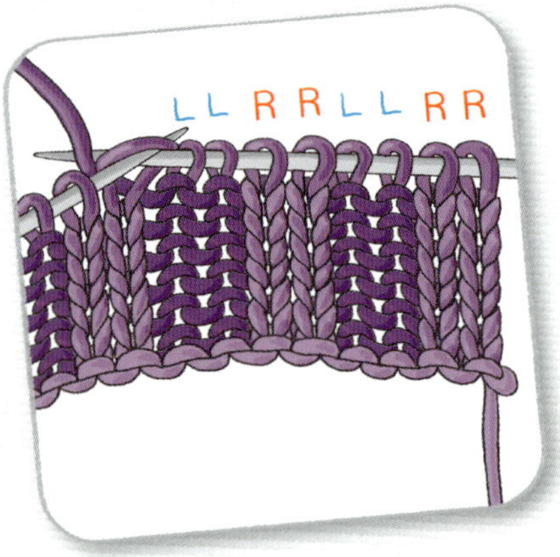

BÜNDCHENMUSTER:

2 Maschen rechts,
2 Maschen links
im Wechsel stricken.

ANLEITUNG

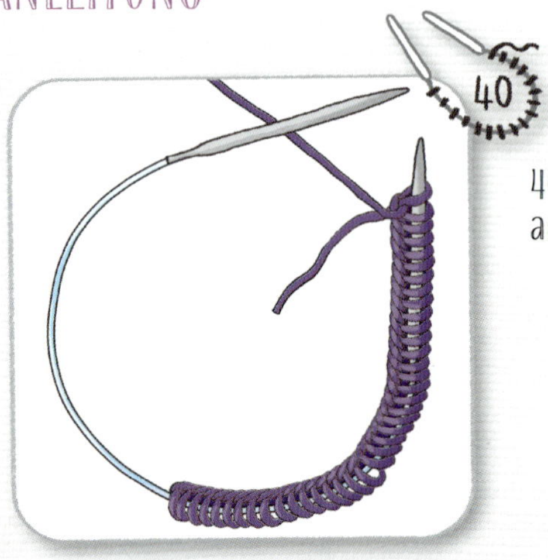

40 Maschen anschlagen.

6 Reihen im Bündchenmuster stricken.

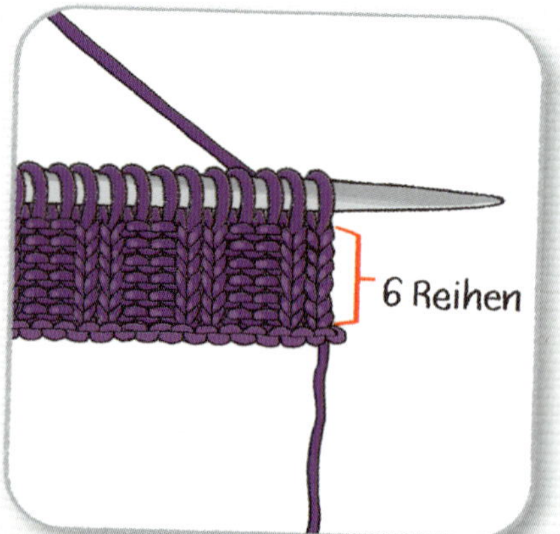

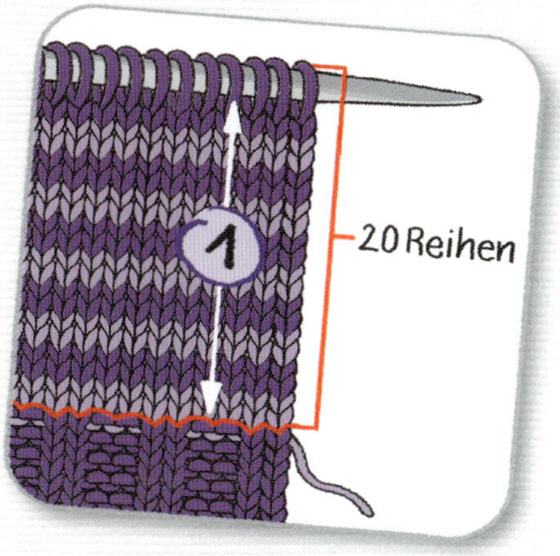

20 Reihen in Farbfolge 1 stricken.

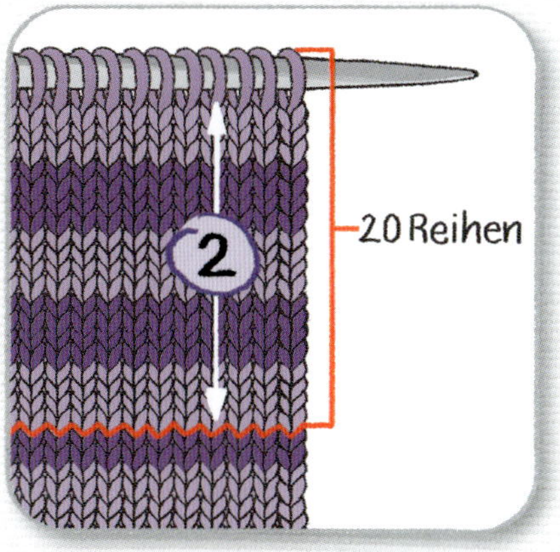

20 Reihen in Farbfolge 2 stricken.

20 Reihen in Farbfolge 1 stricken.

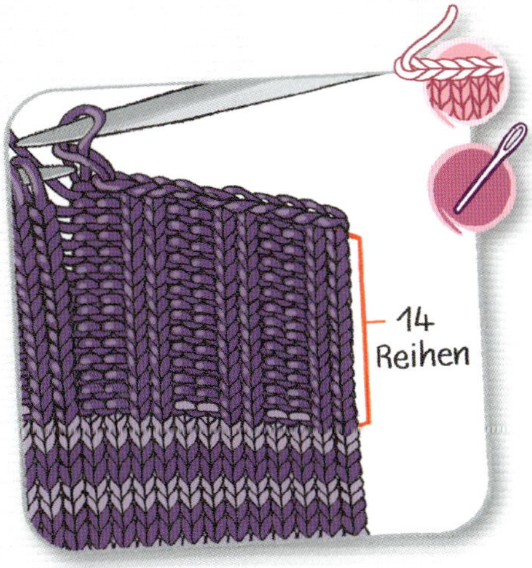

14 Reihen im Bündchenmuster stricken, Maschen abketten und Fäden vernähen.

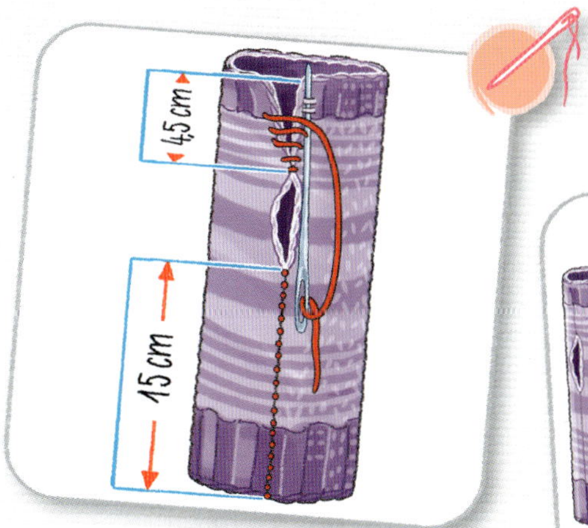

Stulpen von unten 15 cm und von oben 4,5 cm mit Matratzenstich zusammennähen.

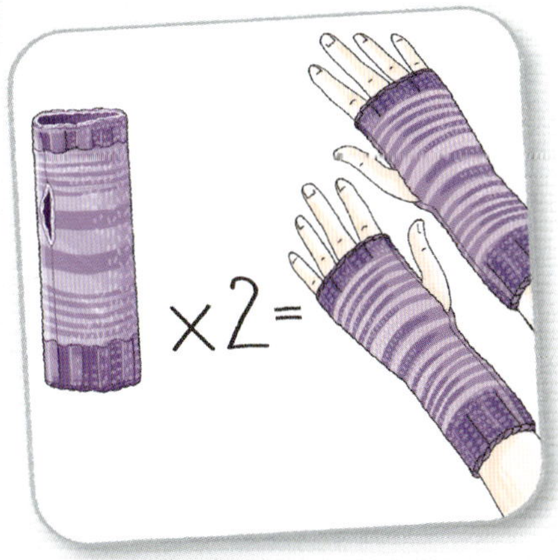

FERTIG!

TABLET-HÜLLE

TABLET-HÜLLE

GRÖßE

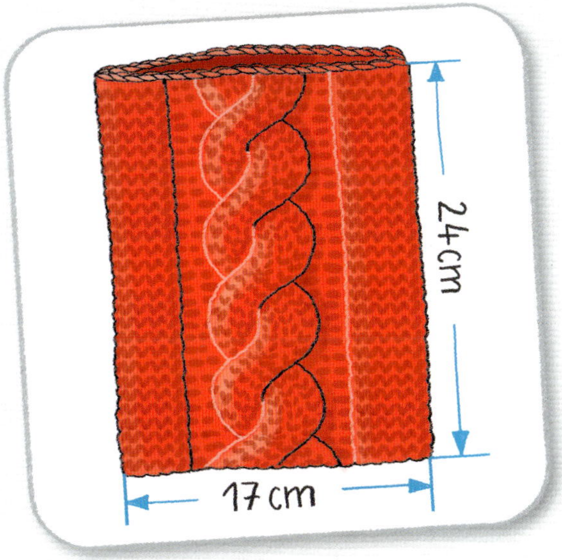

MATERIAL

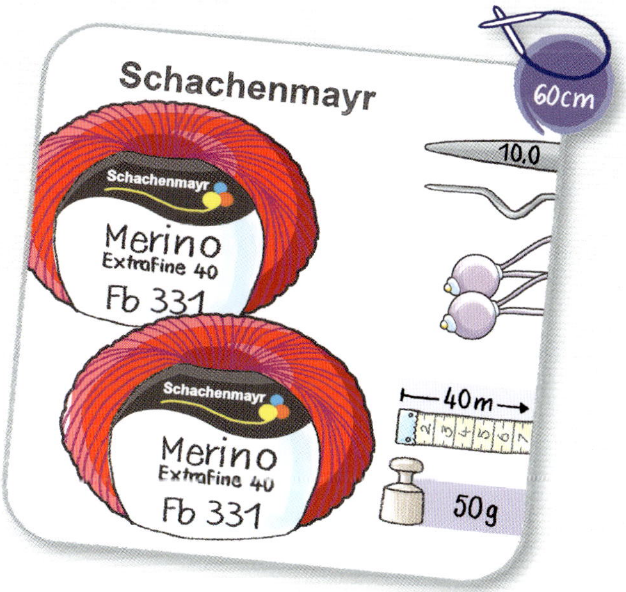

MASCHENPROBE

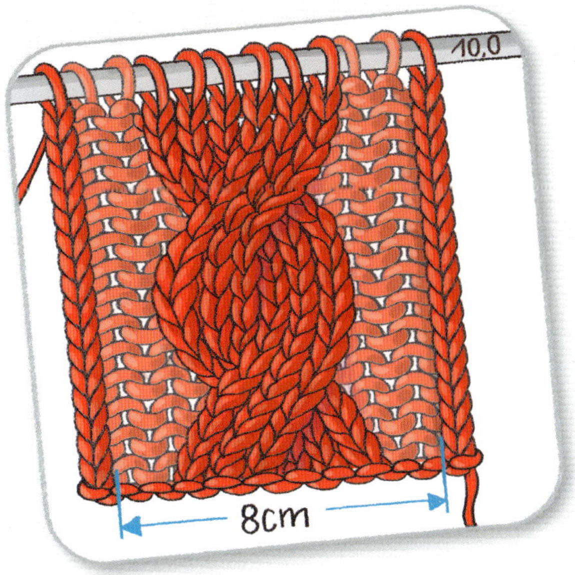

Maschenprobe = gedehnt gemessen.

STRICKMUSTER

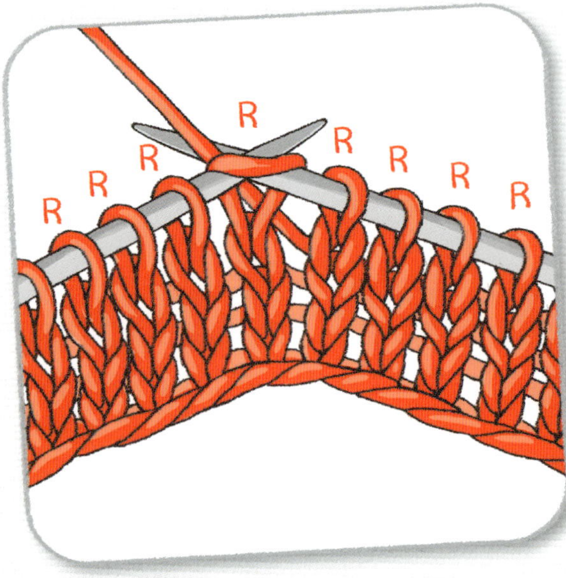

GRUNDMUSTER

Glatt rechts: In Hinreihen rechte Maschen, in Rückreihen linke Maschen stricken.

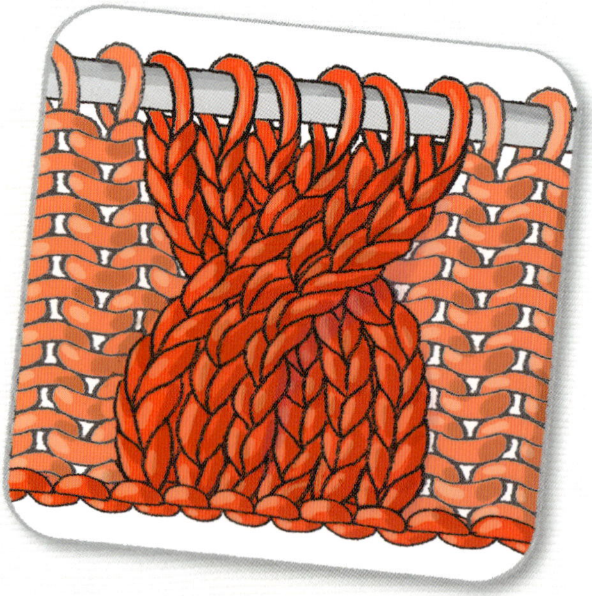

–	–	■	■	■	■	■	■	–	–	9. R
–	–	■	■	■ ╱	■	■	■	–	–	7. R
–	–	■	■	■	■	■	■	–	–	5. R
–	–	■	■	■	■	■	■	–	–	3. R
–	–	■	■	■	■	■	■	–	–	1. R

Rapport — Höhenrapport

Rapport = 10 Maschen

ZOPFMUSTER

Alle Rückreihen stricken, wie sie erscheinen (siehe Seite 83).

ZEICHENERKLÄRUNG

■ = 1 Masche rechts stricken

– = 1 Masche links stricken

■■■╱■■■ = 3 Maschen auf eine Zopfnadel hinter die Arbeit legen, die nächsten 3 Maschen rechts stricken, dann die Maschen der Zopfnadel rechts stricken.

ANLEITUNG

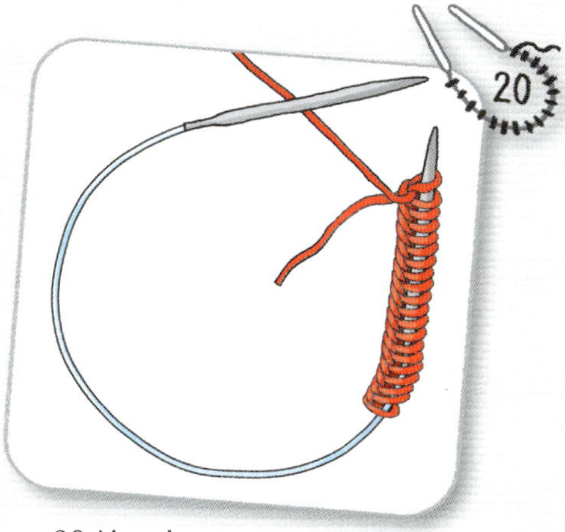

20 Maschen

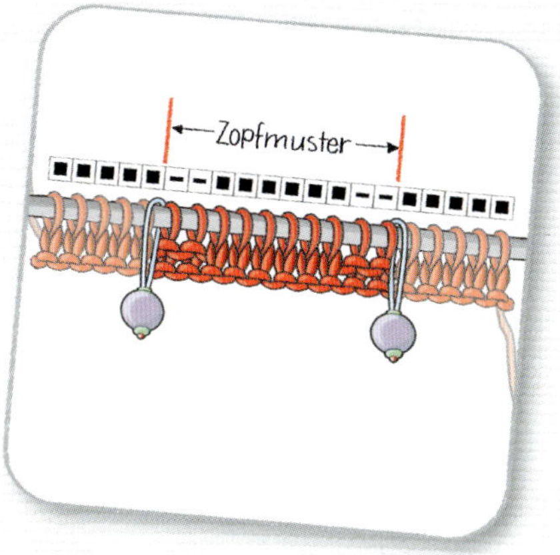

Maschen einteilen:
5 Maschen glatt rechts,
Maschenmarkierer,
10 Maschen Zopfmuster,
Maschenmarkierer,
5 Maschen glatt rechts.

Den Höhenrapport 4x stricken.

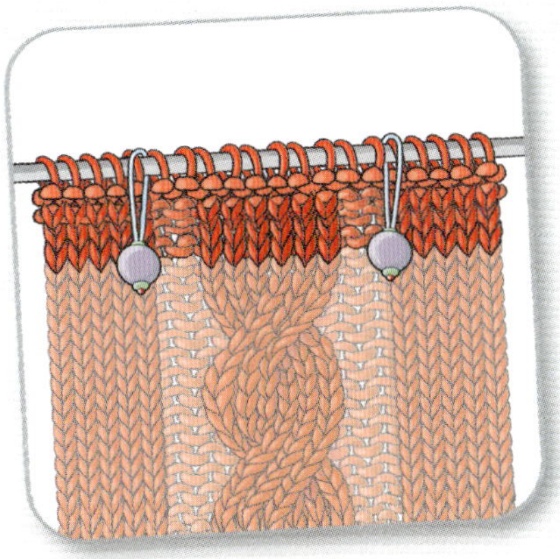

1.+2. Reihe des Zopfmusters noch 1x stricken, dann 1 Reihe linke Maschen und 1 Reihe rechte Maschen arbeiten (= Umbruchkante).

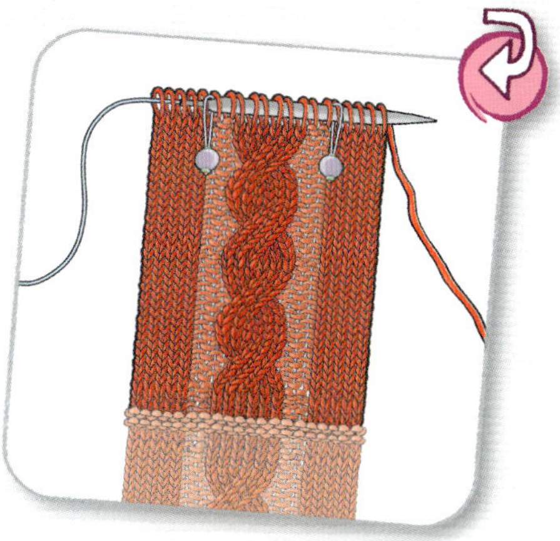

Rückseite = 4x Höhenrapport, dann noch einmal Reihe 1+2 vom Zopfmuster stricken.

Maschen abketten und Fäden vernähen.

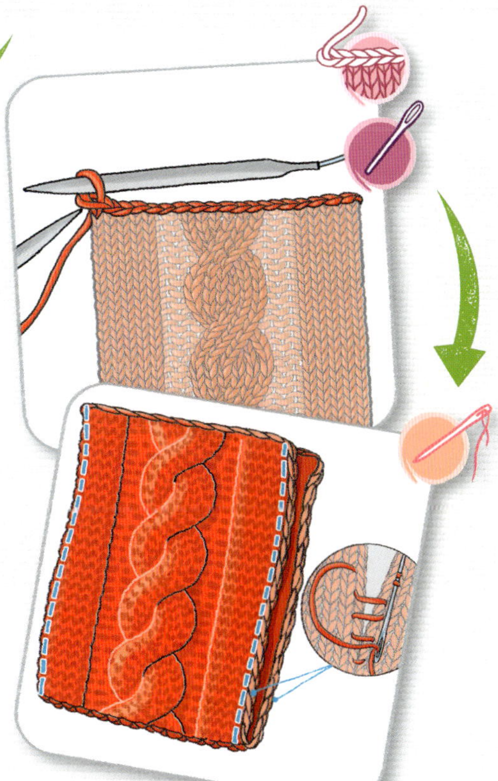

Seiten im Matratzenstich zusammennähen (siehe Seite 52).

FERTIG!

KISSENBEZUG

KISSENBEZUG

MATERIAL

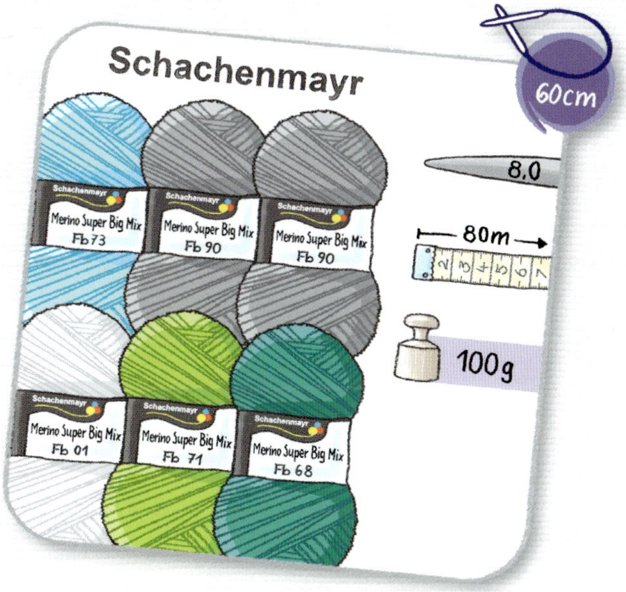

MASCHENPROBE

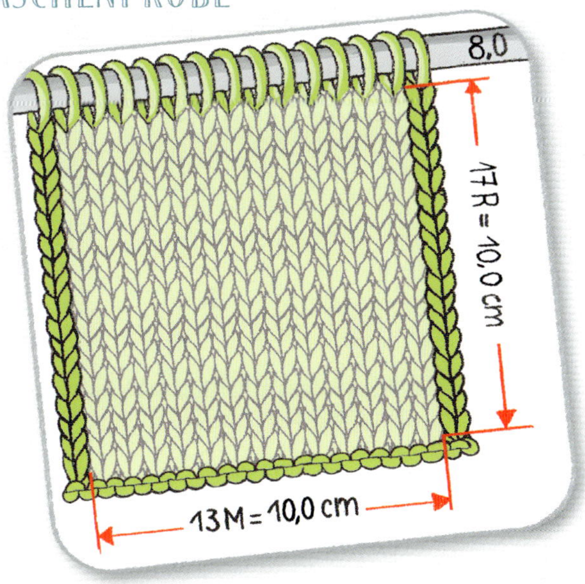

GRÖẞE

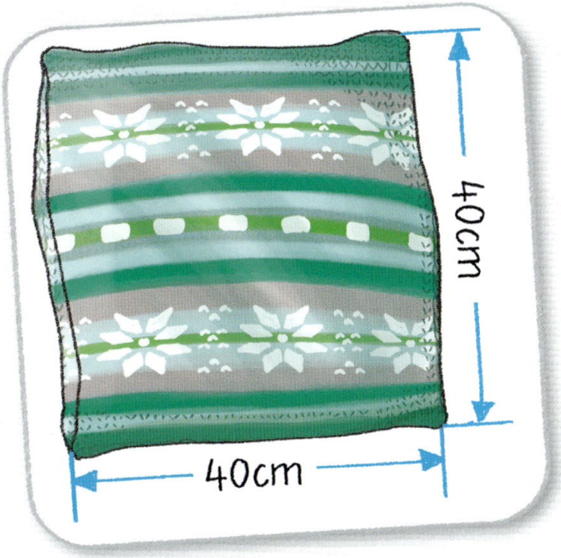

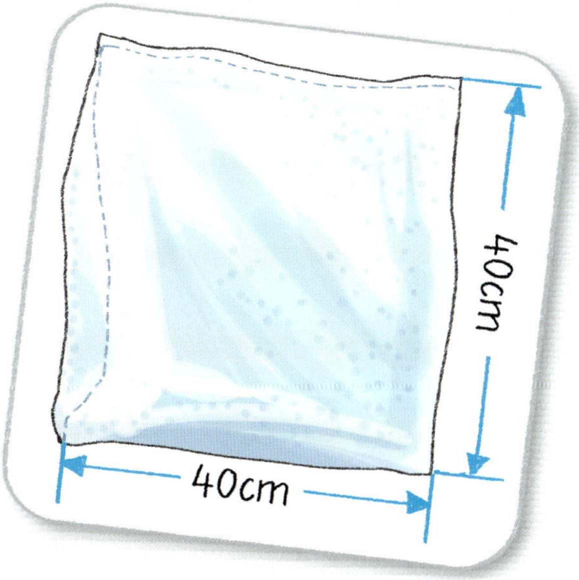

Füllkissen 40 x 40 cm

STRICKMUSTER

JACQUARDMUSTER 1

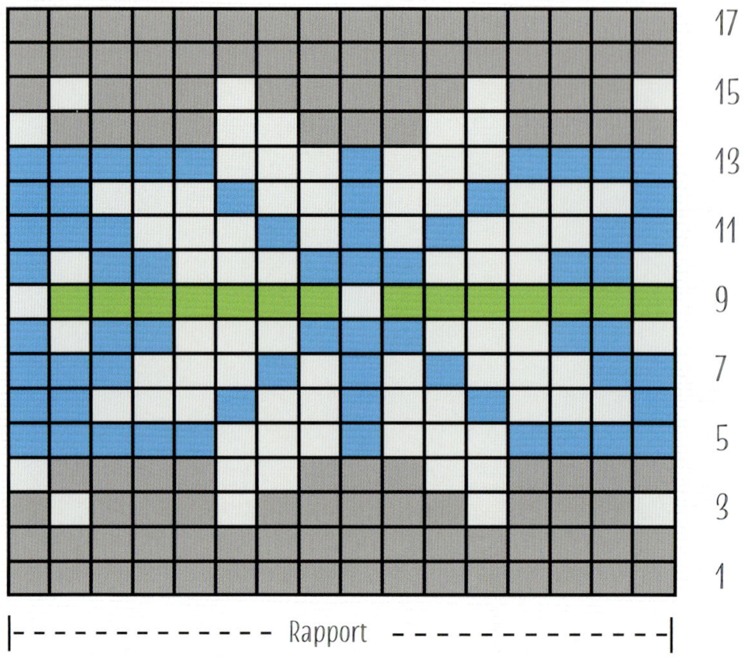

Rapport = 16 Maschen

JACQUARDMUSTER 2

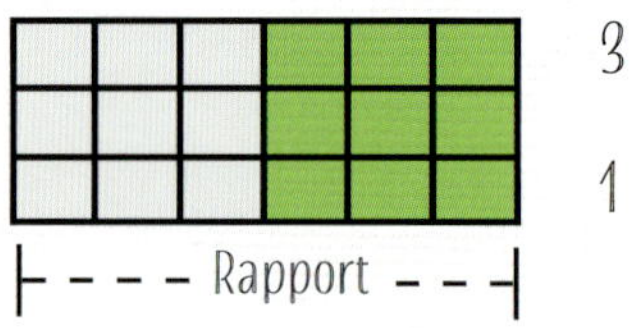

Rapport = 6 Maschen

ZEICHENERKLÄRUNG

= 1 Masche in Steingrau
= 1 Masche in Weiß
= 1 Masche in Mint
= 1 Masche in Apfel

ANLEITUNG

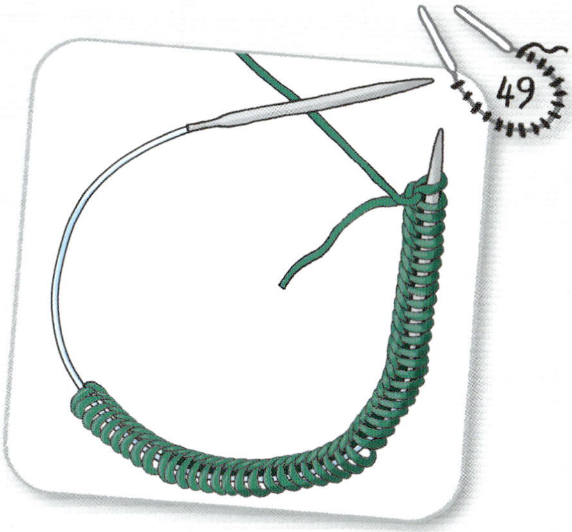

49 Maschen anschlagen.

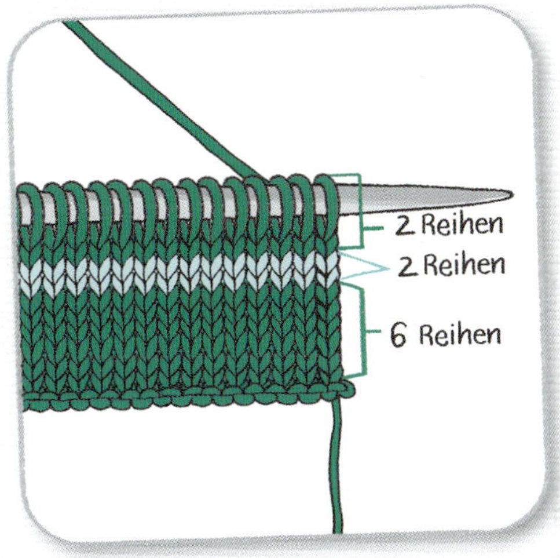

Glatt rechts 6 Reihen in Petrol stricken, danach 2 Reihen in Mint, 2 Reihen in Petrol arbeiten.

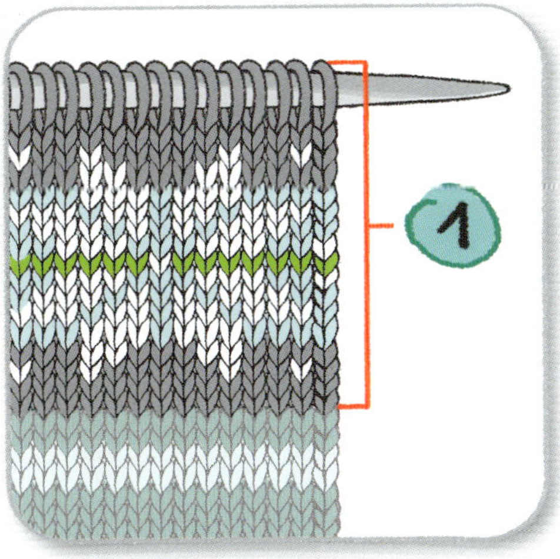

Jacquardmuster 1
1x stricken.

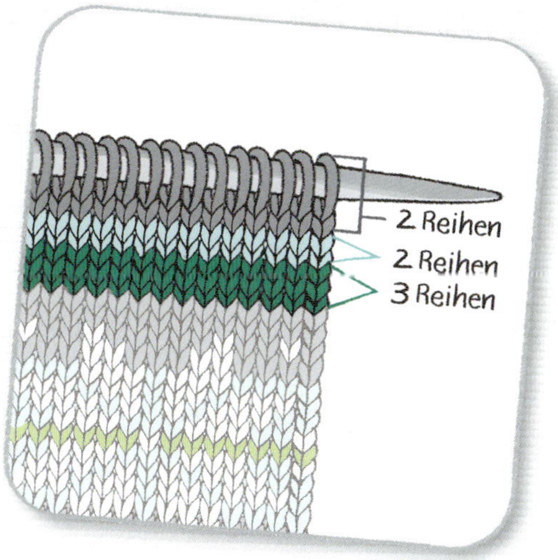

Glatt rechts 3 Reihen in Petrol,
2 Reihen in Mint,
2 Reihen in Steingrau stricken.

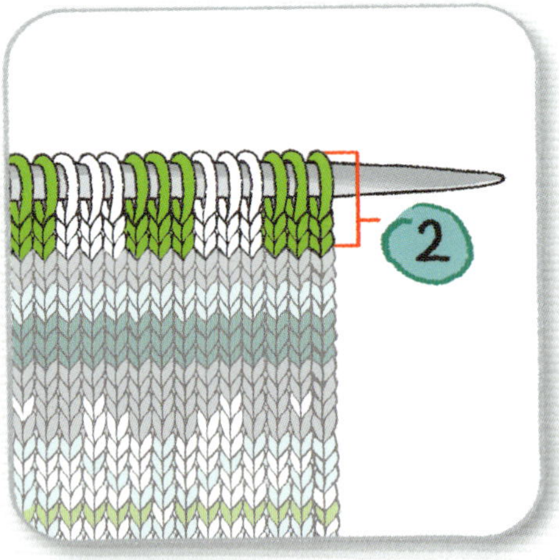

Jacquardmuster 2
1x stricken.

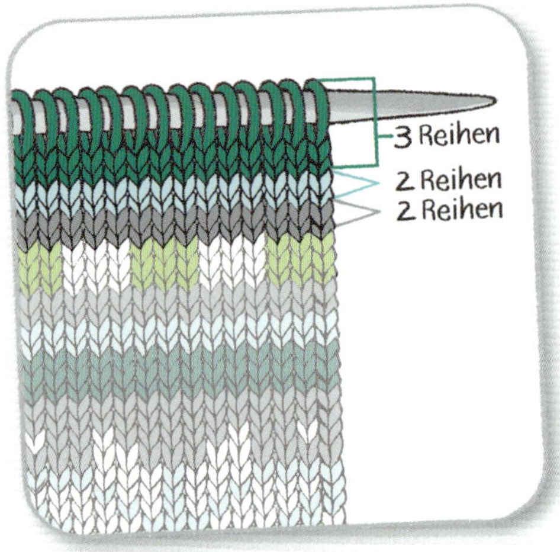

Glatt rechts 2 Reihen in
Steingrau,
2 Reihen in Mint und
3 Reihen in Petrol stricken.

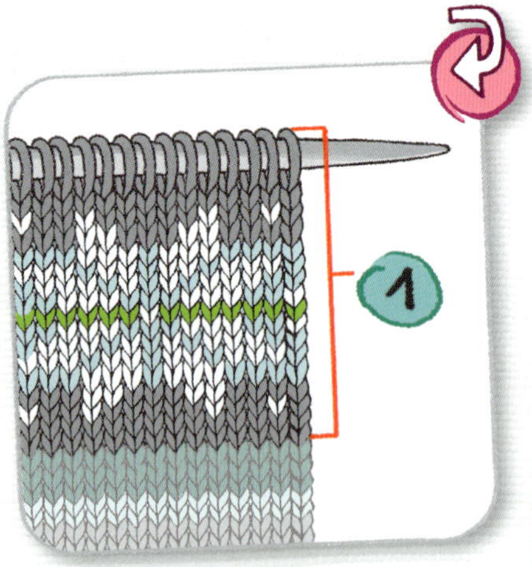

Jacquardmuster 1
erneut stricken.

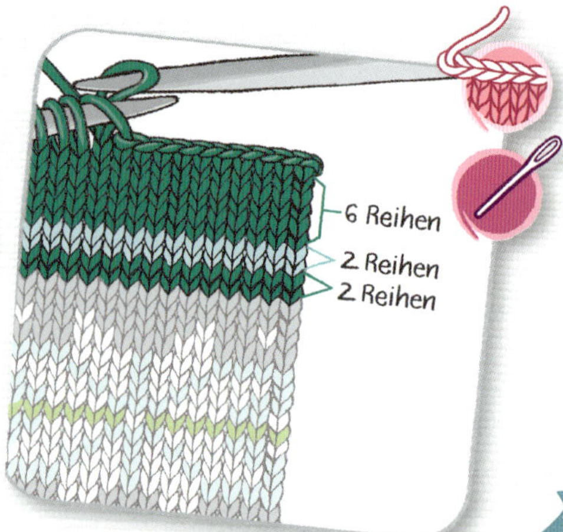

2 Reihen in Petrol,
2 Reihen in Mint,
6 Reihen in Petrol stricken.
Maschen abketten und
Fäden vernähen.

Die Rückseite wie die
Vorderseite stricken.

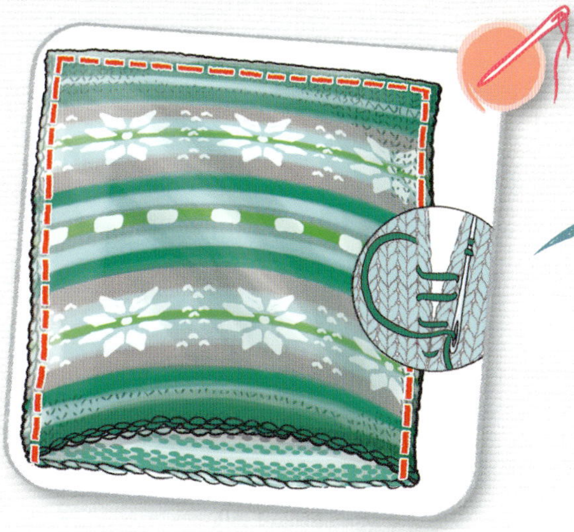

Kissenteile rechts auf rechts legen und im Matratzenstich oben und an den Seiten zusammennähen.

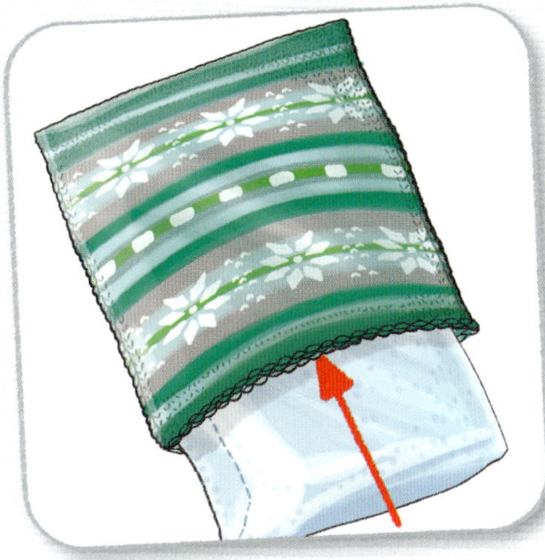

Füllkissen einlegen.

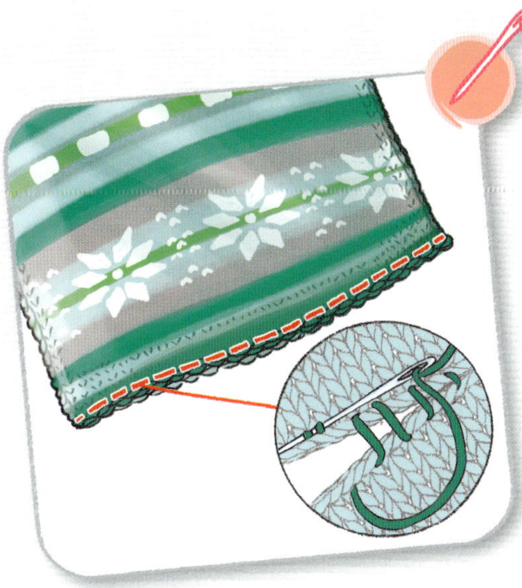

Untere Öffnung schließen.

FERTIG!

WOLLKORB

WOLLKORB

GRÖßE

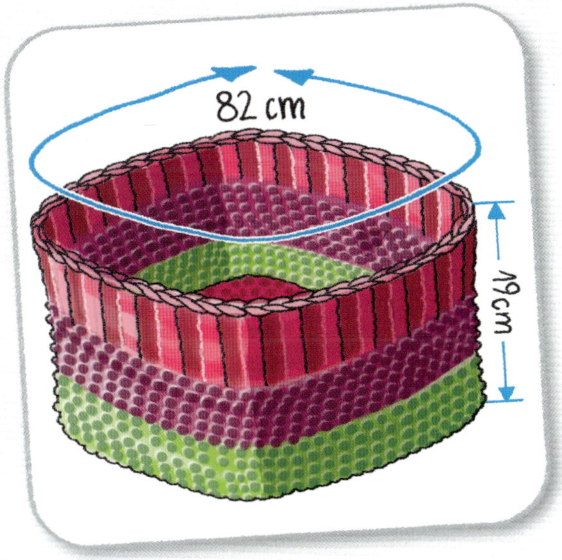

MATERIAL

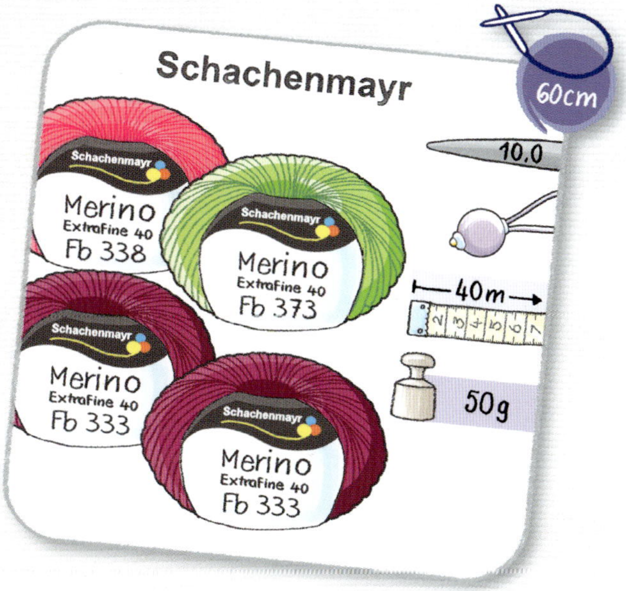

MASCHENPROBE

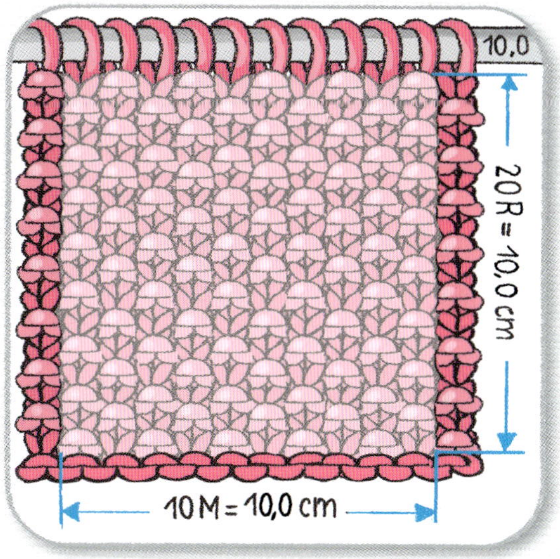

STRICKMUSTER

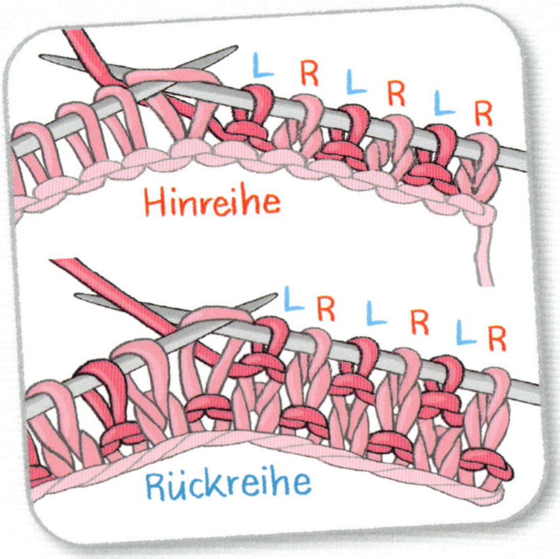

KLEINES PERLMUSTER IN REIHEN

■	–	■	–	2. R
–	■	–	■	1. R

Rapport = 2 Maschen

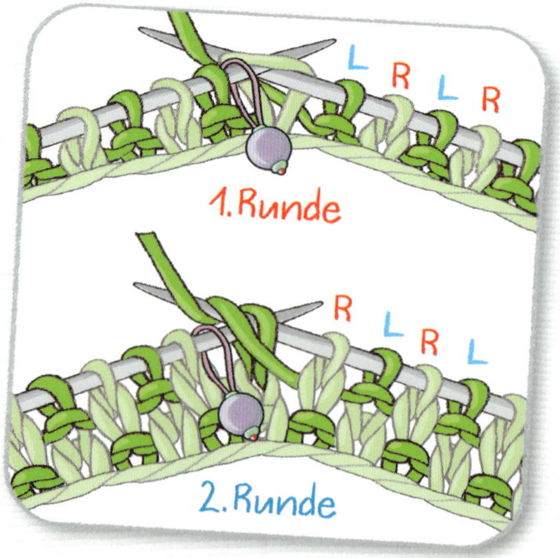

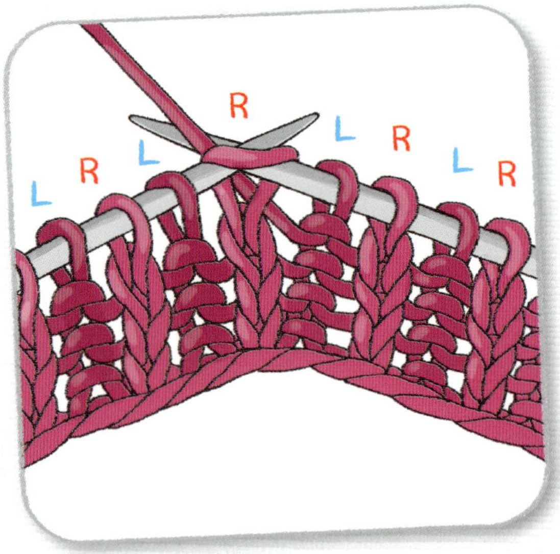

KLEINES PERLMUSTER IN RUNDEN

■	–	■	–	2.Rd
–	■	–	■	1. Rd

Rapport = 2Maschen

BÜNDCHENMUSTER:

1 Mache rechts,
1 Masche links
im Wechsel stricken.

ANLEITUNG

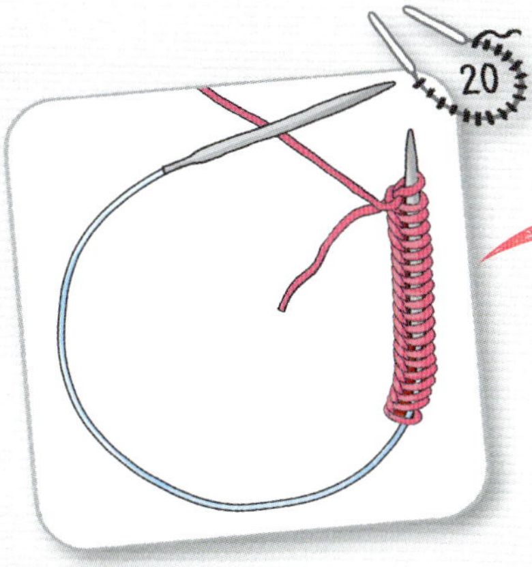

20 Maschen anschlagen.

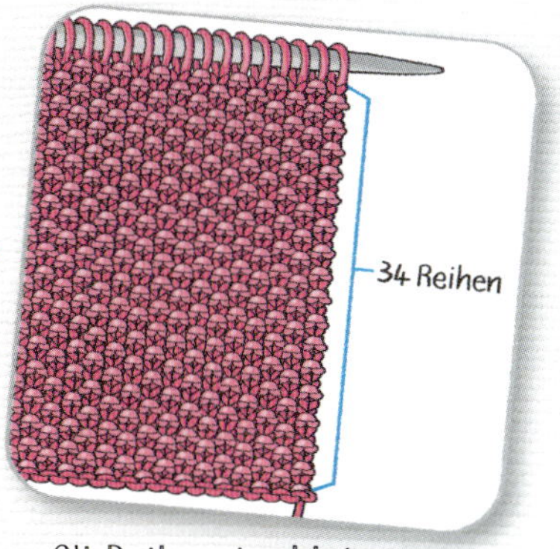

34 Reihen im kleinen Perlmuster stricken.

Maschen abketten und Fäden vernähen.

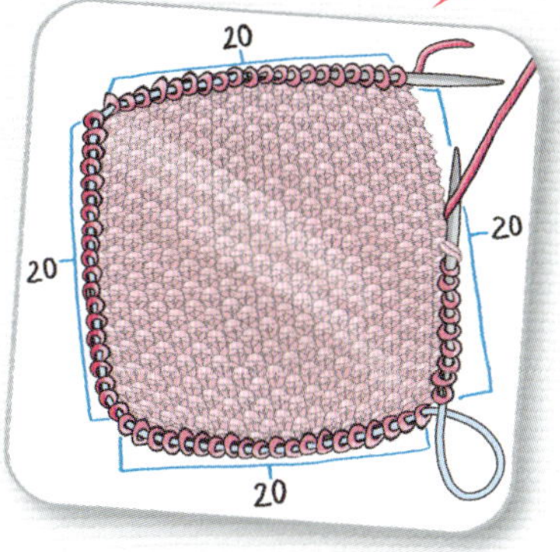

Pro Seite 20 Maschen in Cyclam aufnehmen (= 80 Maschen).

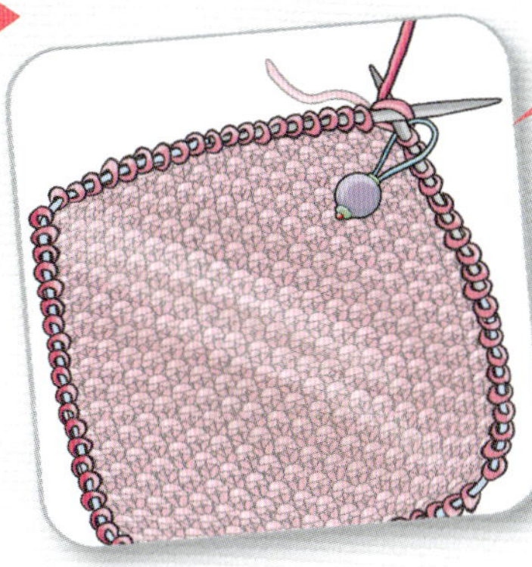

Am Ende der Runde einen Maschenmarkierer platzieren und zur Runde schließen.

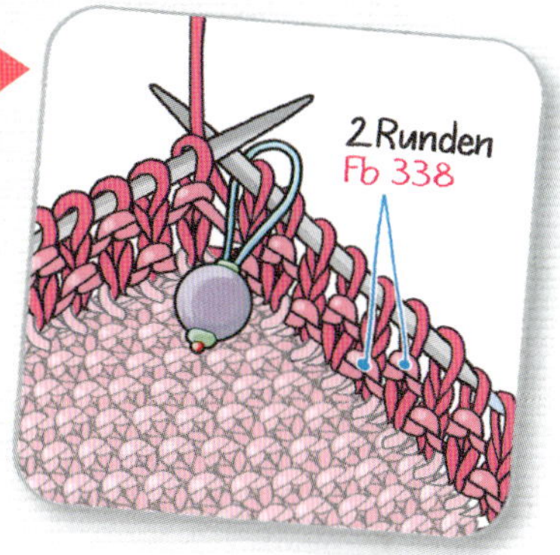

Im kleinen Perlmuster 2 Runden in Cyclam stricken.

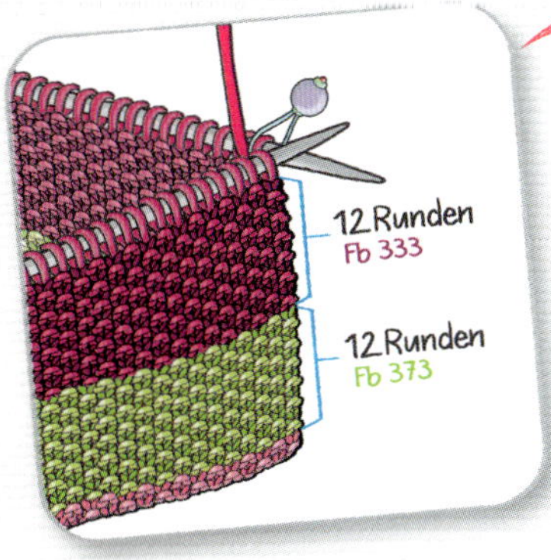

Im kleinen Perlmuster 12 Runden in Apfel und 12 Runden in Burgund stricken.

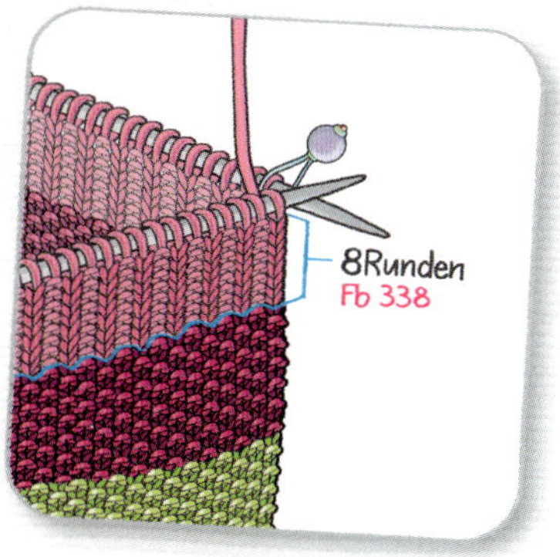

8 Runden in Cyclam im Bündchenmuster stricken.

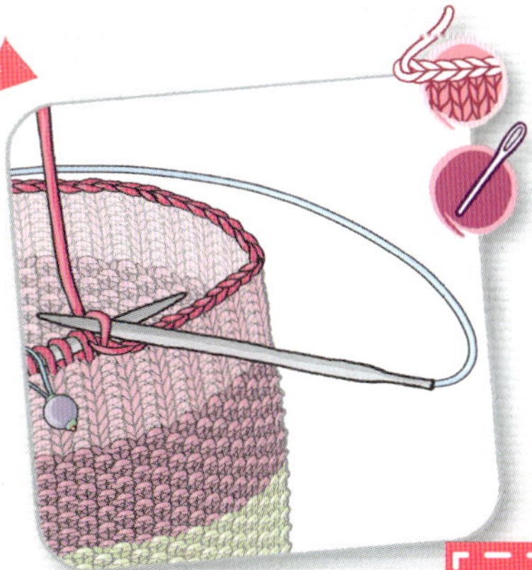

Maschen abketten und Fäden vernähen.

FERTIG!

ÜBERTÖPFE

ÜBERTÖPFE

GRÖßE

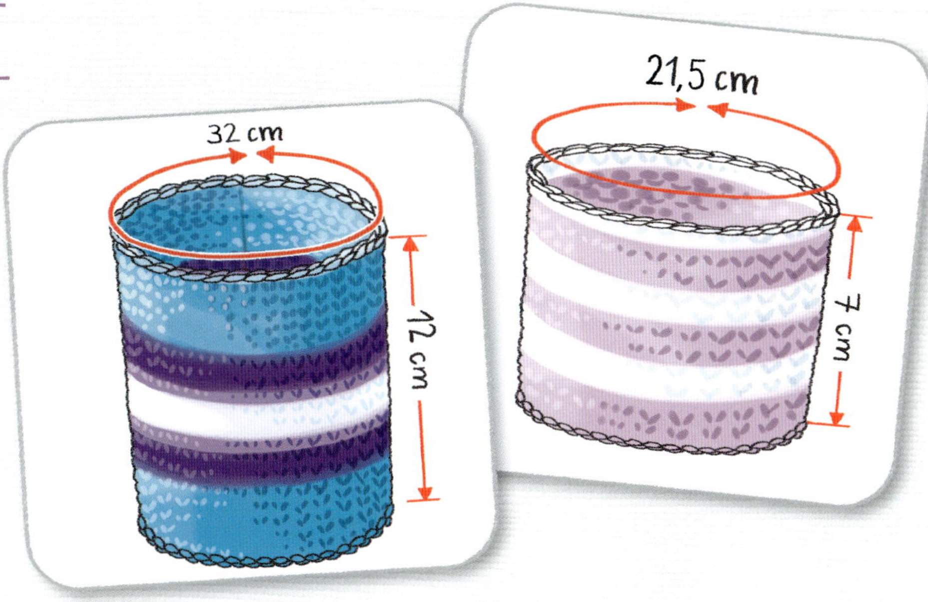

MATERIAL

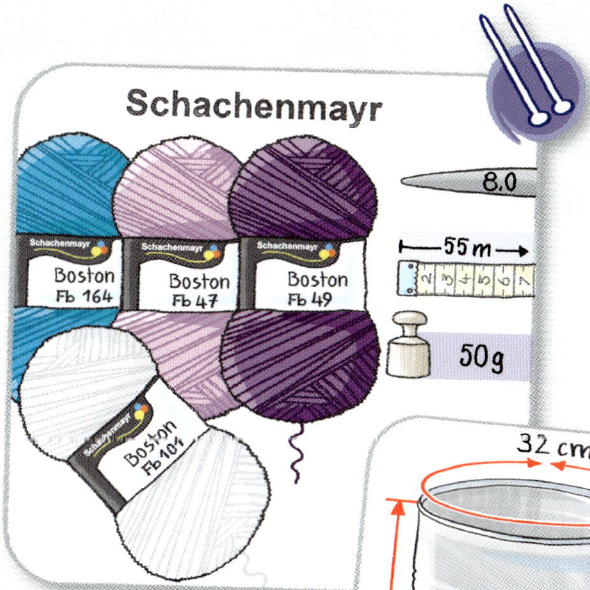

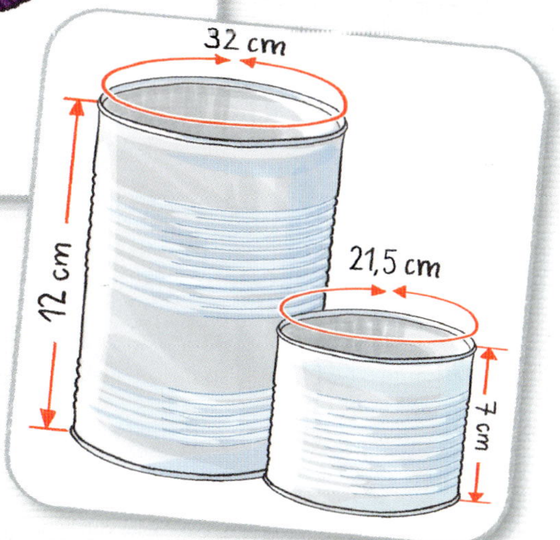

MASCHENPROBE

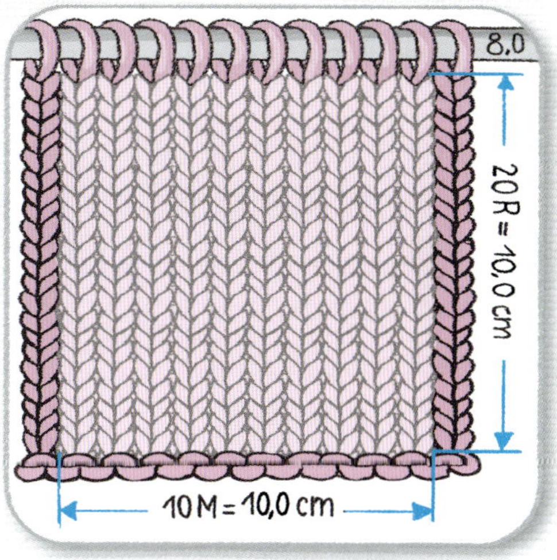

STRICKMUSTER

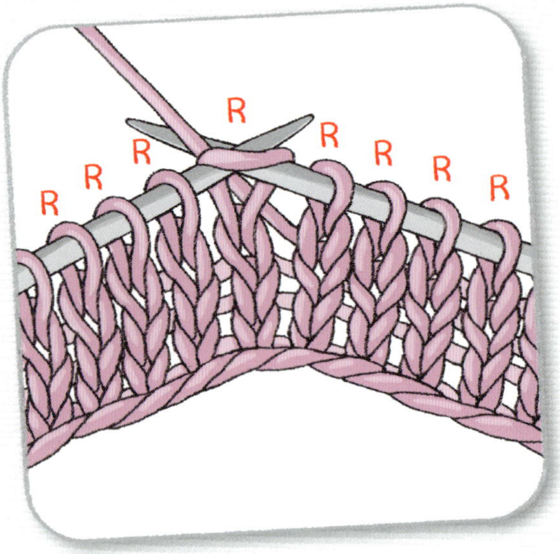

GRUNDMUSTER

Glatt rechts in Reihen: In Hinreihen rechte Maschen, in Rückreihen linke Maschen stricken.

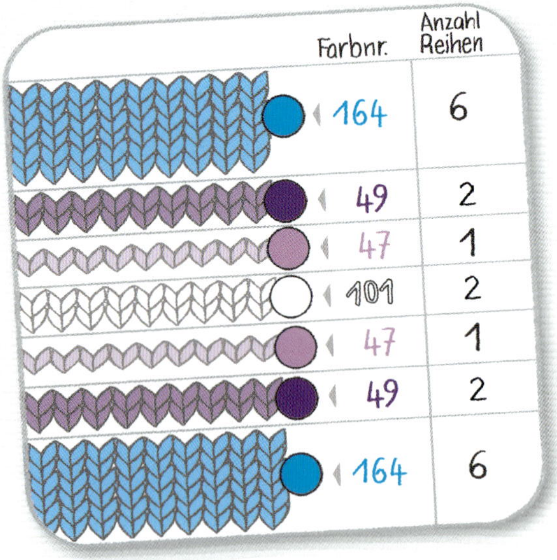

Farbnr.	Anzahl Reihen
164	6
49	2
47	1
101	2
47	1
49	2
164	6

FARBFOLGE GROSSER ÜBERTOPF

6 Reihen in Aqua, 2 Reihen in Violett,
1 Reihe in Lavendel, 2 Reihen in Weiß,
1 Reihe in Lavendel, 2 Reihen in Violett,
6 Reihen in Aqua.

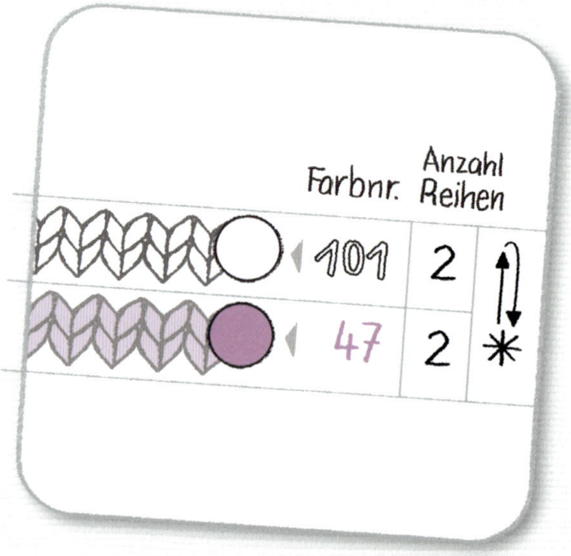

Farbnr.	Anzahl Reihen	
101	2	↑↓
47	2	*

FARBFOLGE KLEINER ÜBERTOPF

* 2 Reihen in Lavendel,
2 Reihen in Weiß,
ab * fortlaufend wiederholen.

ANLEITUNG GROßER ÜBERTOPF

35 Maschen anschlagen.

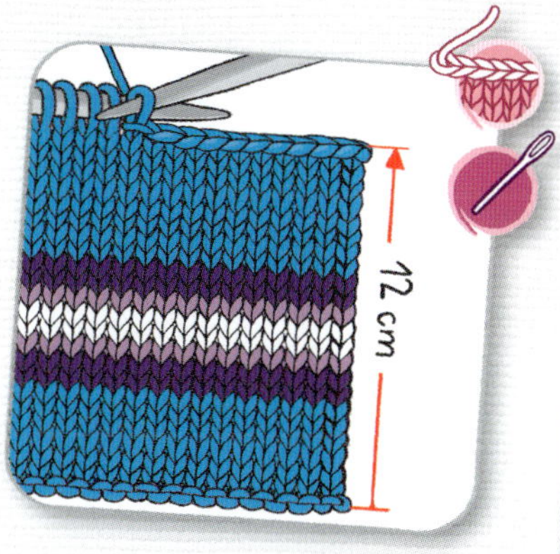

Glatt rechts in der Farbfolge stricken. Farbwechsel in Reihen beachten, Maschen abketten und Fäden vernähen.

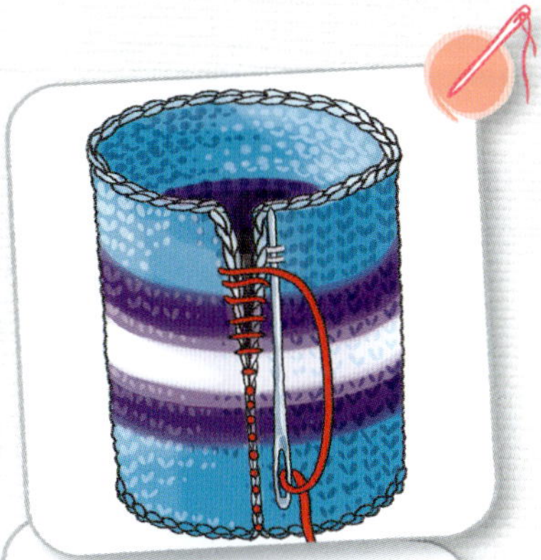

Die schmalen Seiten im Matratzenstich zusammennähen.

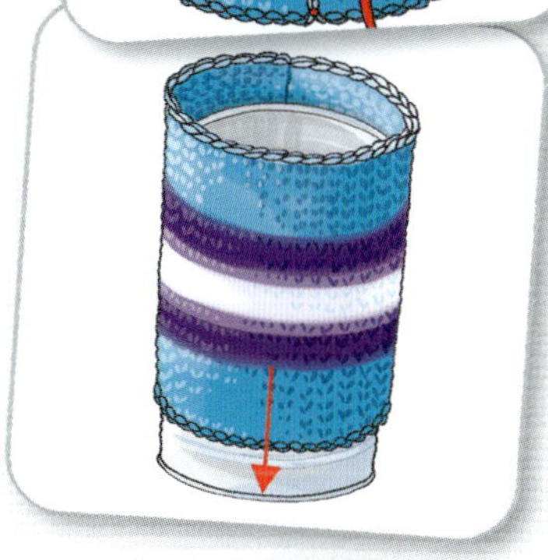

Über eine Dose ziehen.

ANLEITUNG KLEINER ÜBERTOPF

20 Maschen anschlagen.

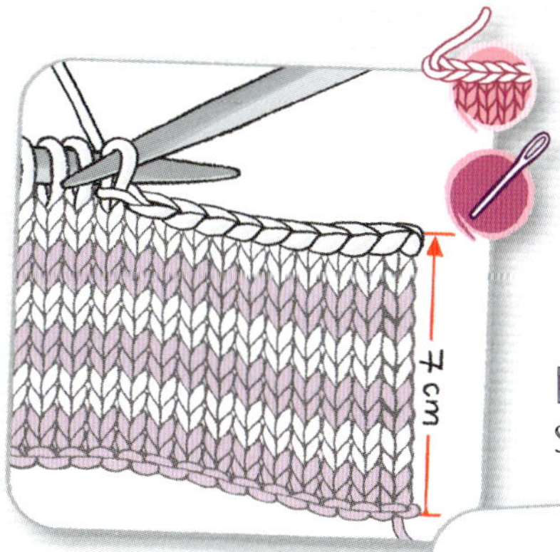

7cm in der Farbfolge stricken, Maschen abketten und Fäden vernähen.

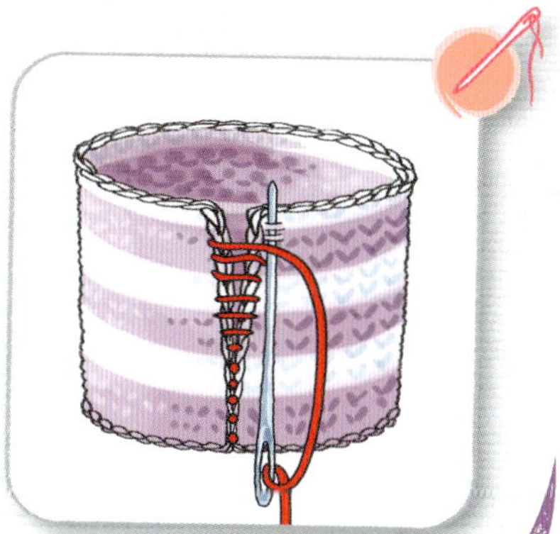

Die kurzen Seiten im Matratzenstich zusammennähen.

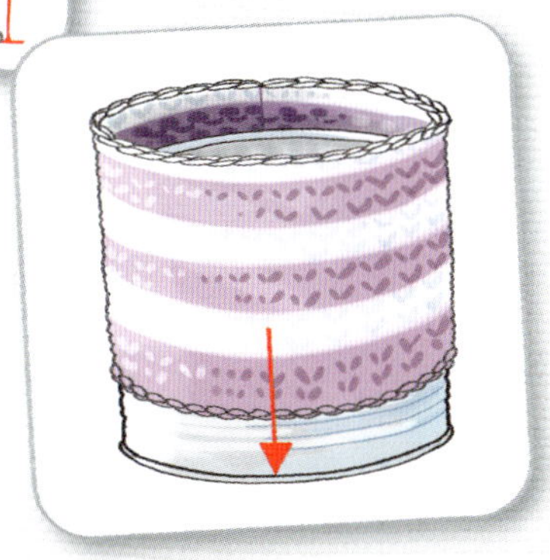

Über eine Dose ziehen.

FERTIG!

REGISTER

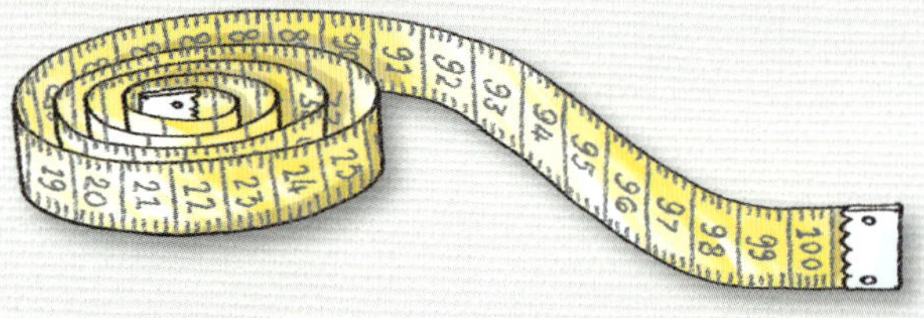

2 Maschen links zusammenstricken 42

2 Maschen rechts überzogen zusammenstricken 43

2 Maschen rechts zusammenstricken 42

Anleitung lesen 24

Banderole lesen 26

Baumwolle 9

Effektgarne 12

Faden vernähen 50

Fadenhaltung 30

Fallmaschen beheben 76

Farben in Reihen stricken 68

Farben in Runden stricken 69

Festonstich 75

Fransen 72

Garnarten 8

Garnstärken 14

Grundschlinge 31

Hebemaschen 60

Kettstich 75

Knäuelarten 15

Knopflöcher stricken 62

Knötchenstich 75

Kreuzanschlag 32

Langettenstich 75

Linke Maschen 36

Links verdrehter Zopf 66

Links verschränkte Maschen 59

Margeritenstich 75

Maschen abnehmen 42

Maschen aufnehmen 54

Maschen links abketten 39

Maschen rechts abketten 38

Maschenprobe 44

Maschenstich 53

Matratzenstich 52

Mehrfarbige Muster 70

Mischgarn mit Baumwolle 10

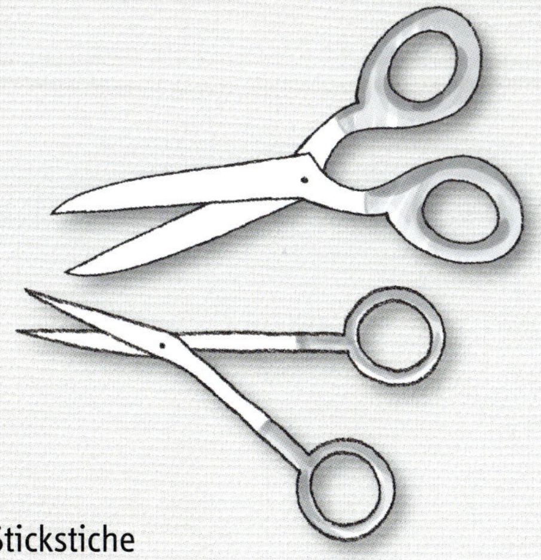

Mischgarn mit Wolle 10
Mit Farben stricken 68
Nadelarten 16
Nadelspiel 47
Nadeltester 17
Patentmuster 61
Pflege 20
Pompon 74
Quasten 73
Randmaschen 48
Rechte Maschen 34
Rechts verdrehter Zopf 64
Rechts verschränkte Maschen 58
Reihen 46
Runden 47
Rundstricknadel 47
Sockengarne 13
Spannen 51
Spannstich 75
Stickstiche 75
Stielstich 75
Strickschrift lesen 80
Synthetikgarne 11
Umschlag 40
Verkürzte Reihen 56
Wendemaschen 56
Wolle 8
Zählmusterlesen 81
Zopfmuster stricken 64
Zunahme aus dem Querfaden 41

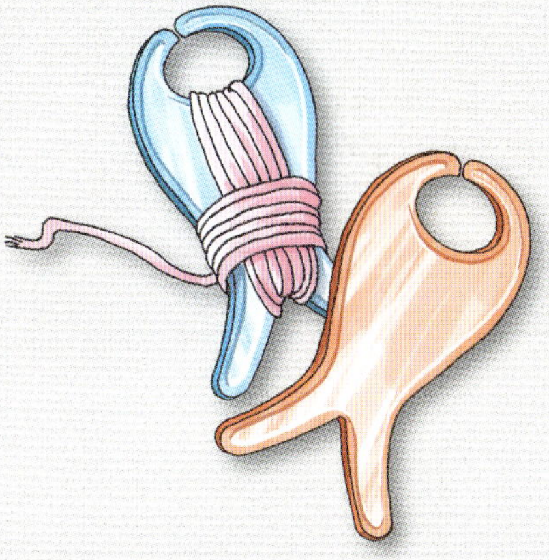

BUCHEMPFEHLUNGEN FÜR SIE

TOPP 6436
ISBN 978-3-7724-6436-2

TOPP 6458
ISBN 978-3-7724-6458-4

TOPP 6455
ISBN 978-3-7724-6455-3

TOPP 8193
ISBN 978-3-7724-8193-2

TOPP 6386
ISBN 978-3-7724-6386-0

TOPP 6968
ISBN 978-3-7724-6968-8

TOPP 6420
ISBN 978-3-7724-6420-1

TOPP 6417
ISBN 978-3-7724-6417-1

TOPP 6416
ISBN 978-3-7724-6416-4

TOPP 6963
ISBN 978-3-7724-6963-3

TOPP 7918
ISBN 978-3-7724-7918-2

TOPP 6388
ISBN 978-3-7724-6388-4

Kreativ-Bücher finden Sie auf www.TOPP-kreativ.de

Weitere Ideen zum Selbermachen gesucht?

Lieblingsstücke von einfach bis einfach genial finden Sie bei TOPP! Lassen Sie sich auf unserer Verlagswebsite, per Newsletter oder in den sozialen Netzwerken von unserer Vielfalt inspirieren!

Website

Verlockend: Welcher Kreativratgeber soll es für Sie sein? Schauen Sie doch auf **www.TOPP-kreativ.de** vorbei & stöbern Sie durch die neusten Hits der Saison!

TOPP-Autoren

Sie wollen wissen, wer die „Macher" unserer Bücher sind? Wer Ihnen nützliche Tipps & Tricks gibt? Auf **www.TOPP-kreativ.de/Autor** warten jede Menge spannender Infos zum jeweiligen Autor auf Sie. Finden Sie heraus, welches Gesicht hinter Ihrem Lieblingsbuch steckt!

Facebook

Werden Sie Teil unserer Community & erhalten Sie brandaktuelle Informationen rund ums Handarbeiten auf **www.Facebook.com/Mitstrickzentrale**
Wer sich für Basteln, Bauen, Verzieren & Dekorieren interessiert, ist auf **www.Facebook.com/Bastelzentrale** genau richtig!

Pinterest

Sie sind auf der Jagd nach den neusten Trends? Sie suchen die besten Kniffe? Die schönsten DIY-Ideen? All' das & noch vieles mehr gibt es von TOPP auf **www.Pinterest.com/Frechverlag**

Newsletter

Bunt, fröhlich & überraschend: Das ist der TOPP-Newsletter! Melden Sie sich unter: **www. TOPP-kreativ.de/Newsletter** an & wir halten Sie regelmäßig mit Tipps & Inspirationen über Ihr Lieblingshobby auf dem Laufenden!

Extras zum Download in der Digitalen Bibliothek

Viele unserer Bücher enthalten digitale Extras: Tutorial-Videos, Vorlagen zum Downloaden, Printables & vieles mehr. Dieses Buch auch? Dann schauen Sie im Impressum des Buches nach. Sofern ein Freischaltcode dort abgebildet ist, geben Sie diesen unter **www.TOPP-kreativ.de/DigiBib** ein. Nach erfolgreicher Registrierung erhalten Sie Zugang zur digitalen Bibliothek & können sofort loslegen.

YouTube

Sie wollen eine ganz neue Technik ausprobieren? Sie arbeiten an einem spannenden Projekt, aber wissen nicht weiter? Unsere Tutorials, Werbetrailer, Interviews & Making Of's auf **www.YouTube.com/Frechverlag** helfen Ihnen garantiert dabei, den passenden Ratgeber von TOPP zu finden.

Instagram

Sie sind auf Instagram unterwegs? Super, TOPP auch. Folgen Sie uns! Sie finden uns auf **www.Instagram.com/Frechverlag**
Möchten Sie uns an Ihrem Lieblingsprojekt teilhaben lassen? Am besten posten Sie gleich ein Foto mit dem Hashtag **#frechverlag** & wir stellen Ihr Werk gerne unserer Community vor – yeah!

Alles in einer Hand gibt's hier:

Kreativ-Bücher finden Sie auf www.TOPP-kreativ.de

Kreativ-Hotline

Hilfestellung zu allen Fragen, die Materialien und Bücher zu kreativen Hobbys betreffen:
Frau Erika Noll berät Sie. Rufen Sie an oder schreiben Sie eine E-Mail!

Telefon: 0 50 52 / 91 18 58*

*normale Telefongebühren

E-Mail: mail@kreativ-service.info

Wir danken der Firma MEZ GmbH
für die freundliche Unterstützung bei diesem Buch:

www.schachenmayr.com

www.mezcrafts.com

IMPRESSUM

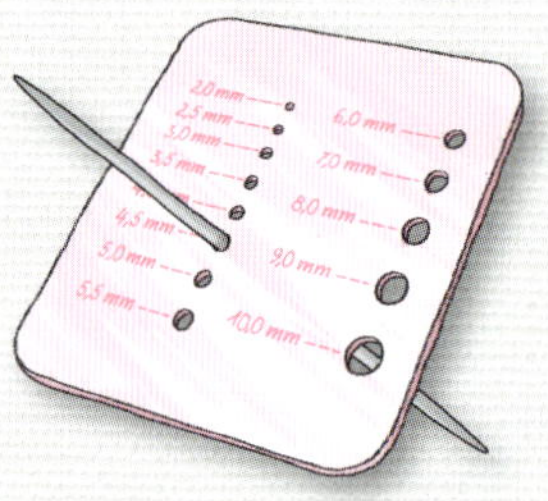

KONZEPT: Miriam Heil
PRODUKTMANAGEMENT, LEKTORAT: Mareike Upheber
ILLUSTRATIONEN: Ursula Schwab, schwab-illustrationen, Handewitt
MODELLE: Heike Roland und Stefanie Thomas
FOTOS: frechverlag GmbH, 70499 Stuttgart; lichtpunkt, Michael Ruder, Stuttgart
GESTALTUNG: Katrin Röhlig
SATZ: fsm premedia GmbH & Co. KG, Münster
DRUCK UND BINDUNG: Livonia Print SIA, Lettland

2. Auflage 2016

ISBN 978-3-7724-6457-7 • Best.-Nr. 6457